AF904031

Culture et modernité dans l'outre-mer français

Les défis de la mondialisation

© **Éditions Sépia, 2021**

5-7, rue de l'École-Polytechnique – 75005 Paris

www.editions-harmattan.fr

ISBN : 979-10-334-0142-1

EAN : 9791033401421

Sous la direction
d'Aurélie Bayen-Poisson, Arnaud de Raulin
et Arnaud Haquet

Culture et modernité dans l'outre-mer français

Les défis de la mondialisation

éditions
SÉPIA

REMERCIEMENTS

Nous remercions chaleureusement le Centre Universitaire Rouennais d'Études juridiques – CUREJ – de l'Université de Rouen ainsi que le Centre d'Études sur la Chine Moderne et contemporaine – CECMC (CCJ, CNRS-EHESS - UNIVERSITE DE PARIS) – pour leur soutien financier.

Nous saluons également l'ISEPP-Université de l'Ouest Pacifique pour le soutien à ce projet de publication, initié à l'issue d'un cycle de conférences organisé à l'ISEPP-UCO Pacifique de mars à mai 2019.

CUREJ

cecmc
Centre d'études sur la Chine moderne et contemporaine
近代现代中国研究中心

ISEPP
Institut Supérieur de l'Enseignement Privé de Polynésie
UCO PACIFIQUE

cnrs

Préface

Par Arnaud Haquet

Professeur à l'université de Rouen Normandie

La mondialisation se nourrit de la diversité. Mais pour l'intégrer, elle commence par la désagréger. Elle favorise ainsi le nivellement et la standardisation des modes de vie.

Les études, dont cet ouvrage rend compte, montrent les dangers de la mondialisation sur la diversité culturelle et l'identité des sociétés ultramarines. Les enjeux sont considérables. Comment lutter efficacement contre les effets nuisibles de la mondialisation ? Quelles barrières, quelles règles peuvent leur être opposées ?

L'État français offre-t-il une protection suffisante à la diversité culturelle ? La réponse ne peut être que nuancée parce que la République est, elle-même, confrontée à des contradictions. Elle n'a pas été un vecteur de diversité culturelle. Son unité a soudé la communauté nationale. Admettre que cette unité a engendré une uniformité qui ne permet plus de défendre l'identité de la France représente une concession historique.

Cet effort est pourtant réalisé aujourd'hui pour diverses raisons. Parmi elles, se pose la question de l'identité de la communauté nationale, qui la conduit à s'interroger sur sa propre diversité.

La forme de l'État est également questionnée. Il faut donner un sens à la décentralisation. L'avoir instituée ne suffit pas. Il faut lui permettre d'exister. Or, comment peut-on envisager que les collectivités s'administrent librement si elles ne peuvent mettre en œuvre des politiques publiques différentes, régies par des règles différentes pour des communautés culturelles distinctes ? La réponse jusqu'alors imposée était que les différences de traitement ne devaient ni heurter l'égalité devant la loi ni ignorer le caractère indifférencié des citoyens. Dès lors, la reconnaissance en métropole de différences entre communautés territoriales était difficile à réaliser.

Pourtant, celle-ci est admise depuis longtemps dans les collectivités territoriales d'Outre-mer, où l'on n'a pas attendu le débat actuel sur la « différenciation » pour donner du sens à la décentralisation.

Par un effet paradoxal de son évolution, l'Outre-mer, qui reposait sur la dérogation, pourrait servir de modèle aux collectivités métropolitaines. Car en Outre-mer, la différenciation ne se limite pas à des expérimentations ponctuelles et limitées dans l'exercice de compétences. Elle est fondée sur la reconnaissance de l'identité culturelle des communautés territoriales et sur son institutionnalisation.

La diversité culturelle est, en effet, très présente dans les textes relatifs à l'Outre-mer. Les termes « culture » ou « culturel » apparaissent à de nombreuses reprises[1]. À l'inverse, les textes relatifs aux collectivités territoriales métropolitaines ne font pas référence à la « culture » comme élément identitaire. Généralement, cette question est traitée dans le *code général des collectivités territoriales* comme une « compétence » dont le niveau doit être précisé entre collectivités et intercommunalités.

---

[1] La référence à la « culture » apparaît à quatorze reprises dans l'accord de Nouméa du 5 mai 1998 ; treize fois dans la loi organique n° 99-209 du 19 mars 1999 relative à la Nouvelle-Calédonie ; et quarante-cinq fois dans la loi organique n° 2004-192 du 27 février 2004 portant statut d'autonomie de la Polynésie française, où il est certes fait régulièrement référence au conseil économique, social, environnemental et *culturel*.
La référence à la « culture » est moins affirmée dans la loi organique n° 2007-223 du 21 février 2007 portant dispositions statutaires et institutionnelles relatives à l'outre-mer et dans les textes concernant les autres catégories de collectivités.

L'on trouve, parfois, des références au « développement économique, social et culturel », souvent articulées avec la nécessité du « développement touristique, de l'agriculture, de l'environnement », etc. Il s'agit de mettre en œuvre des « politiques culturelles » mais non de revendiquer un particularisme local[2].

La diversité culturelle n'est pas prônée. Depuis la Révolution, et sa prétention à l'universalisme, l'uniformité prévaut sur la diversité. La République est indivisible et ne doit pas être une fédération de communautés. L'homogénéité culturelle a donc été promue et la différence relativisée. Celle-ci a été renvoyée dans la sphère personnelle. L'identité est individuelle et ne saurait s'imposer à la communauté.

Pourtant, la prise en compte des différences est aussi importante pour forger une communauté politique que l'addition des ressemblances. Il est, en effet, difficile de construire une identité nationale de façon formelle. La différence doit être intégrée à un héritage culturel pour servir le récit national. L'affirmation de valeurs communes ne suffit pas. Il faut les nourrir.

Sur ces sujets, la Constitution de 1958 est discrète. Elle proclame des principes liés à la souveraineté, mais elle ne comporte pas de référence à « l'identité »[3] et reste silencieuse sur la « culture » (hormis, par renvoi à l'alinéa 13 du préambule de 1946, de l'affirmation selon laquelle « la Nation garantit l'égal accès de l'enfant et de l'adulte à (...) la culture »).

Une exception a, néanmoins, été introduite par la loi constitutionnelle du 23 juillet 2008. L'article 75-1 dispose que « les langues régionales appartiennent au patrimoine de la France ». L'insertion de cette mention dans la Constitution a-t-

---

[2] Sauf en Corse, dont la collectivité territoriale bénéficie, au nom de son « Identité culturelle », de « compétences en matière d'éducation et de culture » (art. L4424-1 et s., CGCT).

[3] Contrairement au traité sur l'Union européenne, qui prévoit que « l'Union respecte l'égalité des États membres devant les traités ainsi que leur identité nationale, inhérente à leurs structures fondamentales politiques et constitutionnelles, y compris en ce qui concerne l'autonomie locale et régionale ».

elle relevé d'un élan décentralisateur ou d'une vague prise de conscience des identités linguistiques régionales ? Le débat sur la ratification de la *charte européenne des langues régionales ou minoritaires* laisse perplexe. Signé en mai 1999, elle n'a pas été ratifiée parce qu'il convenait de réviser la Constitution, dont l'article 2 énonce (depuis 1992) que « la langue de la République est le français ». Cette charte violerait cet article. Elle porterait, de surcroît, « atteinte aux principes constitutionnels d'indivisibilité de la République, d'égalité devant la loi et d'unicité du peuple français » (déc. n° 99-412 DC du 15 juin 1999, cons. 10). Rien de moins... Par la suite, le Conseil d'État confirmera que la ratification de la charte supposait une révision constitutionnelle[4], qui n'a pas eu lieu (le Sénat s'est opposé en 2015 à la modification de la Constitution).

Par contraste, on peut mesurer la différence d'approche pour les collectivités d'Outre-mer et la singularité de leur statut. En Nouvelle-Calédonie, « les langues kanak sont », en vertu de *l'accord de Nouméa*, « avec le français, des langues d'enseignement et de culture » ; et l'accord d'ajouter que « leur place dans l'enseignement et les médias doit être accrue et faire l'objet d'une réflexion approfondie » (accord de Nouméa dont les orientations ont valeur constitutionnelle : Cons. const. déc. n° 99-410 DC du 15 mars 1999, cons. 3). Cette reconnaissance se retrouve dans la loi organique n° 99-209 du 19 mars 1999 *relative à la Nouvelle-Calédonie*, dont l'article 215 dispose que « les langues kanak sont reconnues comme langues d'enseignement et de culture ».

Dans le même sens, la loi organique n° 2004-192 du 27 février 2004 *portant statut d'autonomie de la Polynésie française* comporte une section sur « l'identité culturelle » (art. 57 à 58) qui spécifie que « la langue tahitienne est un élément fondamental de l'identité culturelle : ciment de cohésion sociale, moyen de communication quotidien, elle est reconnue et doit être

---

[4] Le Conseil d'État s'est déclaré défavorable à une révision pour permettre la ratification d'une charte qui aurait conféré « des droits spécifiques à des "groupes" de locuteurs de langues régionales ou minoritaires, à l'intérieur de "territoires" dans lesquels ces langues sont pratiquées » (avis CE n° 387 426 du 7 mars 2013).

préservée, de même que les autres langues polynésiennes, aux côtés de la langue de la République, afin de garantir la diversité culturelle qui fait la richesse de la Polynésie française » (art. 57 alinéa 2, même si l'alinéa 1er précise que « le français est la langue officielle de la Polynésie française »).

Ne pas défendre ces langues serait une atteinte à l'identité de ces sociétés (comme le montrent plusieurs études consacrées à ce thème dans le présent ouvrage).

Cette identité culturelle a été consacrée dans les lois qui ont accordé une forte autonomie aux collectivités territoriales d'outre-mer. De façon évidente, le degré de reconnaissance de l'identité est corrélé au degré d'autonomie institutionnelle.

La Nouvelle-Calédonie en représente le degré ultime, l'objectif de l'indépendance justifiant un statut exceptionnel. La « citoyenneté de la Nouvelle-Calédonie », le pouvoir législatif propre, ou encore « les compétences de l'État (…) transférées, de façon définitive, aux institutions de la Nouvelle-Calédonie » (en vertu de l'art. 77, Const.), s'expliquent par cette perspective.

Après deux référendums négatifs, des questions apparaissent sur l'avenir de ce territoire. Dans l'hypothèse où la prochaine consultation serait également négative, une solution institutionnelle pérenne, compatible avec le schéma institutionnel des autres collectivités, devra être trouvée. L'« identité » de la communauté culturelle calédonienne devra alors s'inscrire dans la République.

La problématique n'est, au demeurant, pas très éloignée en Polynésie française. Certes, le statut de ce « Pays d'outre-mer au sein de la République » (art. 1er, LO n° 2004-192 du 27 fév. 2004) n'est pas le même. Il n'est pas question d'indépendance pour cette « collectivité d'outre-mer », mais l'autonomie est très avancée et présente des similitudes avec celle de la Nouvelle-Calédonie.

Pour les autres collectivités, le degré d'autonomie diminue selon les statuts (comme le montre l'étude qui leur est consacrée dans cet ouvrage).

Car le choix qui a été effectué au sein de la République n'est pas d'organiser une répartition des compétences entre communautés territoriales reposant sur leur identité. L'autonomie est seulement tolérée pour les territoires justifiant d'une situation particulière.

En métropole, notamment, les débats actuels sur l'évolution de la décentralisation par la différenciation restent cantonnés à des considérations liées à l'efficacité de l'action publique. Il n'est pas question d'identité territoriale ou culturelle.

La problématique est, certes, novatrice. Par définition, l'idée de différenciation s'oppose à l'égalité. Elle reconnaît des particularités et les traduit juridiquement. Elle remet donc en cause l'uniformité institutionnelle, c'est-à-dire l'unité de chaque catégorie de collectivités dans leur organisation et leurs compétences. Le projet de loi ordinaire[5] sur la différenciation a prévu de laisser les collectivités territoriales exercer des compétences, en nombre limité, dont ne disposent pas l'ensemble des collectivités de la même catégorie. Les compétences des collectivités de droit commun (communes, départements, régions) pourraient donc varier. Or, jusqu'à présent, le législateur ne pouvait attribuer des compétences spécifiques qu'aux collectivités à statut particulier et aux collectivités d'outre-mer.

Ce « droit à la différenciation » s'inscrit dans l'évolution contemporaine de la décentralisation. Mais il lui manque une dimension identitaire et culturelle.

Il reste un effort à faire. L'Outre-mer pourrait être une belle source d'inspiration.

En ce sens, la lecture de cet ouvrage est vivement conseillée.

---

[5] Le projet de loi constitutionnelle, enregistré à l'Assemblée nationale en mai 2018, qui créait un « droit à la différenciation territoriale » statutaire et normatif, a été suspendu. Le rapport de force politique a rendu impossible la révision de la Constitution.

Sommaire

Avant-propos

Par Arnaud de Raulin et Aurélie Bayen-Poisson

Promouvoir la diversité culturelle synonyme d'autonomie et d'authenticité serait-il le passage obligé pour non plus « subir », mais profiter des effets de la mondialisation ? Telle est la question posée dans cet ouvrage au travers des recherches interdisciplinaires menées par des anthropologues, linguistes, juristes et sociologues, sur les processus de transmission dans le contexte singulier des sociétés ultramarines.

Ce travail de recherches est tout d'abord le résultat d'un cycle de conférences organisé à l'Université catholique de l'Ouest Pacifique de mars à mai 2019 sur la question de la transmission et du partage des cultures traditionnelles dans les sociétés de Polynésie (1re partie). L'idée de prolonger la réflexion aux autres espaces ultramarins a naturellement émergé au fil des débats entre les chercheurs par-delà les océans, se rejoignant sur des problématiques qui se faisaient écho malgré des contextes géo-sociétaux bien différents[1]. La deuxième partie de ce travail collectif explore ainsi les influences, issues de l'histoire coloniale ou des vagues migratoires successives, qui obligent les sociétés autochtones à s'adapter et chercher chacune leur voie dans un contexte mondialisant inévitable.

[1] Comme la crise de la transmission linguistique en Polynésie et à Mayotte par ex.

L'intérêt de cet ouvrage est donc de nous interroger sur les défis posés par les effets de la mondialisation, en particulier dans les sociétés ultramarines d'aujourd'hui.

La richesse de la transmission culturelle outre-mer tient en effet à un partage des cultures mais aussi à cette universalité qui rassemble les Hommes, malgré l'éloignement et le morcellement de territoires souvent insulaires, voire isolés. Face à la mondialisation, comment garantir à ces sociétés que leur développement puisse continuer à promouvoir la diversité de leur identité culturelle au sein de l'espace français ?

Les outre-mer, loin d'être un ensemble monolithique, sont plutôt l'expression d'entités diverses et spécifiques selon une trajectoire unique. Ces particularismes tiennent à la fois aux processus historiques empruntés par des mouvements de populations pluriels dans des contextes géographiques, socio-économiques et culturels très différents.

L'outre-mer français bénéficie en effet d'une gouvernance diversifiée avec cinq DROM (départements et régions d'outre-mer), cinq COM (collectivités d'outre-mer) et une collectivité qualifiée de sui generis en Nouvelle-Calédonie. Ces espaces possèdent également une riche biodiversité parfois fragile ou menacée avec de nombreuses plantes endémiques (35 fois plus en outre-mer qu'en métropole) sans compter les espèces marines présentes. Comment aussi ne pas mentionner la forêt amazonienne en Guyane ?

Ces territoires disséminés dans les trois plus grands océans du monde (Atlantique, Pacifique, Indien) participent aussi d'une manière importante et vitale au rayonnement de la France à travers le monde, avec un espace maritime de plus de 11 millions de Km^2, faisant de la France la 2e puissance maritime au monde[2]. La science y occupe aussi une grande place avec des centres de recherche nationaux importants (IRD, ORSTOM…) sinon stratégiques ; en témoigne le Centre spatial guyanais situé à Kourou, base de lancement pour les fusées européennes

---

[2] Notamment grâce à la Polynésie française qui apporte la plus grande superficie maritime (4 793 620 km^2).

ARIANE. Ce site illustre à la fois la complexité et la richesse des partenariats possibles dans ces « terres du bout du monde » entre l'Europe, la France et les Collectivité territoriales.

Autour de ces pôles de développement, des sociétés singulières, souvent métissées, cohabitent plus ou moins harmonieusement. Peuplées de communautés aux diverses croyances, religions et représentations du monde, l'arrivée d'un modèle de développement socio-économique libéral bouleverse, sinon questionne, la structuration sociale et les convictions sociétales de ces populations quant à l'avenir de leurs pays.

En effet, comment gérer ces grands territoires tout en garantissant la diversité culturelle de sociétés aussi différentes – qui plus est dans un contexte de mondialisation omniprésent et grandissant au sein des nouvelles générations ? L'unité et la diversité, principes et piliers de la République, sont mises en œuvre par un État français qui se déclare soucieux de trouver une cohérence, voire un destin commun quoique pluriel. La mise en œuvre de politiques différenciées liées au statut de chacun de ces territoires (COM/DROM…) pose néanmoins des contradictions en suscitant de nombreux débats sur leur devenir au XXIe siècle.

Confrontés à l'internationalisation des échanges, qui les influencent ou les transforment, ils vont incarner le rejet ou le soutien à cette mondialisation vécue comme une forme de domination culturelle sous couvert d'ouverture au « progrès » socio-économique. L'ensemble de ces forces qui se dessinent et se confrontent - partout dans le monde d'ailleurs - constitue déjà le substrat de la vie politique et sociale, notamment autour des notions de tradition et de modernité, du local et du global.

Dans les outre-mer, la première de ces forces se fonde sur les valeurs traditionnelles et ce mouvement est soutenu en particulier par des populations autochtones, tandis que la seconde, incarnée par une certaine idée du « progrès », encouragerait le mouvement de mondialisation par une approche dite « universaliste »[3] . Chaque force propose à ce jour un argumentaire ainsi qu'un modèle de développement en construction, autant critiqué que

[3] Ici la notion de progrès se rattacherait à l'influence de l'Europe des Lumières.

défendu. La performance économique, la libre-entreprise, la concurrence, la productivité et le libre-échange sont les référents fondamentaux de la conception mondialisante où les systèmes traditionnels devraient tôt ou tard laisser la place à la modernité. Les défenseurs d'une économie moins « capitaliste », plus locale et solidaire, n'adhèrent évidemment pas à cette vision, soutenant qu'il n'y a pas d'adéquation possible avec la culture, les croyances et les valeurs des sociétés locales qui se sentent menacées dans leur identité même, voire exclues des retombées positives supposées de ce modèle libéral.

Cet ouvrage ne tentera pas ici de discréditer un modèle plutôt qu'un autre, mais au contraire de comprendre les forces centripètes et centrifuges qui animent ces sociétés au contact d'elles-mêmes et du monde entier. Certains auteurs parlent même de l'urgence de « décoloniser le discours de l'authenticité culturelle »[4] en prônant une compréhension des enjeux plus structurante, moins idéologisée et plus rationnelle sur les concepts et les définitions choisies – palliant de fait à l'influence néfaste du dévoiement de certaines valeurs ancestrales réappropriées par la société moderne[5].

L'attachement à la culture défendue par les tenants de la tradition représente un « préférentiel permettant aux acteurs de donner un sens au monde où ils vivent et à leurs propres actions »[6] par opposition à une culture marchande standardisée et mondialisée. Cette approche culturelle serait conçue et entendue dans un sens large : organisation de la société favorisant l'harmonie et la stabilité dans des sociétés plurielles et souvent métissées. On rencontre ce plaidoyer mettant en avant les valeurs culturelles et spirituelles principalement dans les régions à l'identité régionale plus marquée (Bretagne, Pays Basque..) et dans plusieurs espaces ultramarins[7].

---

[4] J. Barker J. (2011). *Native acts law, recognition and cultural authenticity in Duhram,* Duke university Press.

[5] Ex : la réappropriation du mot mana en Polynésie française.

[6] D'Iribarne P. (1989). *La logique de l'honneur. Gestion des entreprises et traditions nationales,* Éd. Seuil.

[7] Barbe D., Meltz R., Dayez-Burgon P. /s. dir. Tellier D. *Le monde Pacifique dans la mondialisation.* Hermès- 2013/1 (n°65) - Éditions CNRS.

Altérité, diversité culturelle et linguistique, identité et protection de la nature sont les éléments essentiels d'une vision de la préservation fondée sur la tradition. C'est cette philosophie et ce système qui permettrait d'assurer et de garantir le mieux le respect de la dignité humaine et des communautés autochtones, au sein d'un espace de libre-échange socio-économique et culturel ancré dans la modernité.

La question prégnante devient alors celle de la défense et la protection du patrimoine culturel en tant qu'élément inestimable du développement humain. Peut-elle suffire comme seule condition d'un développement unique pour chacune des communautés concernées ?

Or, il est impératif que lorsque plusieurs valeurs sont en conflit, ces dernières doivent se respecter. En effet, il est déterminant qu'une politique du développement culturel mise en œuvre dans le cadre d'un processus de restauration et de préservation d'un patrimoine doit être légitimée par des instances démocratiques. Dans ce sens, la ville de Nara[8] au Japon, inscrite au patrimoine mondial de l'UNESCO depuis 1995, pourrait être un exemple intéressant à suivre et aussi une source d'inspiration en tant que modèle de développement.

La gestion et l'articulation des rapports entre traditions et modernité, culture et performance économique, identité et ouverture vers les autres s'inscrivent dans les grandes problématiques actuelles. C'est le mérite de cette étude de s'interroger à la fois sur la compatibilité et la confrontation de ces différentes approches, devenues parfois des idéologies, et qui génèrent de graves tensions au sein de ces sociétés à la stabilité socio-politique souvent fragile.

L'intérêt aussi de cette étude interdisciplinaire, c'est justement d'apporter un éclairage au carrefour des sciences humaines et sociales, permettant d'appréhender des facettes parfois omises (ou oubliées) des enjeux actuels proprement politique, économique ou géostratégique. Certains auteurs promeuvent

---

[8] Stovel H. (2008). Origins on influence of the Nara document on authority. *APT Bulletin* 39, n°2/3.

l'objectif d'équilibre à atteindre entre l'offre globale de mondialisation et la recherche d'autonomie des communautés. D'autres auront une position plus tranchée en considérant que le déni des autres cultures est trop fort pour aboutir à un compromis politique et à un consensus social. Enfin, il y a ceux qui partagent l'avis de Dominique Wolton, soutenant que « la diversité culturelle serait le passage obligé vers la mondialisation ». Le débat est largement ouvert.

1re Partie

La Polynésie française et le partage des cultures

Mondialisation et transfert linguistique en Polynésie française : de la disparition du hakka à l'avènement du mandarin

Par Aurélie Bayen-Poisson

Enseignant-chercheur UCO Pacifique
Chercheur associé au Centre d'Études de la Chine Moderne et contemporaine (EHESS)

« Je ne peux pas te reprocher d'avoir tout oublié. Tu n'avais rien oublié puisqu'au départ on ne t'avait rien appris. »

Jimmy M. Ly (2003)

« Une langue disparaît tous les quinze jours », tel est le cri d'alarme du linguiste Claude Hagège lancé en l'an 2000 pour mobiliser l'opinion publique aux morts annoncées de près de 7000 langues dans le monde[1]. L'Océanie, bassin de 2000 langues, n'échappe pas à cette menace, dont la Polynésie française fait partie.

[1] Obreja, C. M. (2012). Un discours en sept mille langues. *ANADISS, 2* (14), 185-188.

Cette collectivité d'outre-mer (COM) comptait au recensement en 2018 plus de 277 400 habitants[2] issus de divers environnements linguistiques et culturels. Distante de 16 000 km de l'Hexagone, elle est constituée de 118 îles dispersées sur 2,5 millions km^2 (équivalant à la surface de l'Europe). Le français y est la langue officielle selon l'article 2 de la Constitution, mais la République française reconnaît 7 langues polynésiennes devant être préservées au titre de l'article 57 de la Loi organique 2004-192, portant statut d'autonomie de la Polynésie française. Parmi les populations qui composent cette société d'outre-mer aujourd'hui, l'un des groupes minoritaires est la communauté chinoise, arrivée en 1865 sur le Territoire. Issue des groupes ethniques hakka et punti du Sud-Est de la Chine (région du Guangdong), cette communauté s'est développée autour d'une culture et d'une langue chinoise particulières, influencées au cours de son Histoire par un métissage et une volonté de s'intégrer dans un contexte culturel et linguistique pluriel. La communauté chinoise de Polynésie française s'en est trouvée singularisée, de par la trajectoire historique empruntée depuis plus de 150 ans. Ainsi a-t-elle réussi à relever le défi de l'intégration à la société polynésienne, elle-même en phase d'occidentalisation. Le constat rapporté par la communauté chinoise d'aujourd'hui est néanmoins fataliste, en termes de perte de la transmission linguistique et culturelle, hakka et punti[3] , puisqu'il ne restait en 2012 plus que 1641 locuteurs[4], chiffre qui est en train de diminuer inexorablement. Le risque de ne se résumer qu'à un folklore en l'espace d'une vingtaine d'années pose dès lors la question de la nécessité de sauvegarde de la langue et du patrimoine immatériel hakka.

---

[2] Selon le bilan démographique 2018 de l'Institut Statistique de Polynésie française, accessible en ligne : http://www.ispf.pf/docs/default-source/publi-pf-bilans-et-etudes/pf-bilan-11-2019-1187-bilan-d%C3%A9mographique-2018.pdf?sfvrsn=6 (consulté le 05 avril 2020).

[3] Ly. J. M (2003) *Adieu l'Etang aux Chevrettes*. Papeete : Te Ite

[4] ISPF (2012). *Rapport sur les langues*. ISPF, accessible en ligne : http://www.ispf.pf/docs/default-source/rp2012/Tableaux_standards_RP2012_Langues_PDF.pdf?sfvrsn=0 (consulté le 01/04/2020)

C'est peut-être par la découverte du mandarin à l'école qu'apparaîtra un sursaut de l'identité chinoise de Polynésie. Alors que le renouveau culturel maohi initié dans les années 1980 a permis de remettre en avant l'importance de la transmission linguistique et culturelle jusqu'à rendre son usage présent dans les institutions et le paysage médiatique, il semble que l'identité hakka ne puisse plus perdurer du fait du contexte politique et social propre au Territoire, ne lui laissant pas d'espace suffisant pour demeurer. C'est ce que cette étude tentera de démontrer en abordant tout d'abord l'Histoire sociolinguistique de la communauté chinoise en Polynésie française, avant de soulever les enjeux liés à la crise de transmission du parler hakka/punti et des processus de transferts linguistiques en cours dans le système scolaire aujourd'hui. Dans cette société métissée et mondialisée, nous ouvrirons cette analyse en émettant l'hypothèse d'un renouveau identitaire chinois qui pourrait voir le jour grâce à une politique de sauvegarde de la langue, notamment dans le système scolaire. Percevoir les mutations en cours dans le paysage sociolinguistique de cette communauté diasporique permettra ainsi de percevoir les enjeux politiques, institutionnels et sociologiques à venir.

Une diaspora chinoise en mutation

La Polynésie est historiquement une terre d'immigration. Depuis l'arrivée des premiers Polynésiens il y a plus de 2000 ans[5], ce territoire d'Océanie a connu ces derniers siècles des vagues d'immigration du monde entier. Celle des colons français à partir de 1843[6] instaura un bouleversement profond au sein de la société polynésienne en la métissant progressivement ; avant

[5] Valentin F., Détroit F., Sprigg M. J. T., Bedford S. (2016). Early Lapita skeletons from Vanuatu show Polynesian craniofacial shape: Implications for Remote Oceanic settlement and Lapita origins, accessible en ligne : https://inshs.cnrs.fr/fr/cnrsinfo/du-nouveau-sur-lorigine-des-premiers-polynesiens (consulté le 10/04/2020)

[6] La Polynésie devient Protectorat français avant de devenir une colonie en 1880 en devenant les Établissements français d'Océanie (EFO). Ce n'est qu'en 1946 que la Polynésie devient Territoire d'outre-mer.

d'attirer à son tour d'autres flux de travailleurs chinois pour développer l'activité économique de la colonie dès 1864[7].

Ces coolies[8] chinois, pour la première vague, étaient essentiellement issus de deux groupes ethnolinguistiques de la province du Guangdong, les Hakkas et les Cantonais (Puntis)[9]. La crise économique et politique que traversait la Chine dans la seconde moitié du XIXe siècle avait engendré un phénomène d'émigration massive de nombreux Chinois outre-mer. Cette période correspondait à l'accroissement de la demande de main-d'œuvre par les gouvernements occidentaux dans leurs colonies. En mars 1864, la signature de l'arrêté[10] autorisant le recrutement de 1000 travailleurs agricoles chinois, dans la plantation d'Atimaono sur l'île de Tahiti, marqua le début des vagues d'immigration successives de la communauté chinoise en Polynésie.

Par la suite, la faillite de la plantation de coton d'Atimaono marqua le début d'une immigration irrégulière, les travailleurs agricoles chinois souhaitant retourner sur la terre de leurs ancêtres une fois leur contrat de travail à l'étranger terminé. Jusqu'en 1907, cette première vague voit sa population se réduire à 400 personnes (dus aux décès et retours en Chine). La 2e phase fut composée de ce que l'anthropologue Anne-Christine Trémon nomme celle des « aventuriers-marchands ». Issus de familles commerçantes, les registres des Établissements Français d'Océanie (EFO) enregistrèrent une centaine de Chinois arrivés entre 1890 et 1904. Partis « librement » de Chine, ce sont eux qui recrutèrent pour l'essentiel leurs compatriotes de la troisième vague, entre 1904-1914 et 1918-1928. La communauté chinoise actuelle est essentiellement composée des descendants des deuxième et troisième vagues de plusieurs milliers

---

[7] Le 1er travailleur chinois serait arrivé dès 1800. Cf. Saura, B. (2002). *Tinito: la communauté chinoise de Tahiti: installation, structuration, intégration. Tahiti* : Au vent des îles, p.14.

[8] Du chinois *kuli* 苦力 : terme désignant du labeur du fait des tâches qui leur étaient réservées dans les pays où on les recrutait comme main-d'œuvre.

[9] Trémon, A. C. (2010). Chinois en Polynésie française. Migration, métissage, diaspora. Nanterre : *Société d'ethnologie*, 46.

[10] Arrêté du 30/03/1864, Bo du Protectorat, CAOM 35.

d'immigrants[11], dont la majorité appartenait au groupe ethnique hakka. C'est de ce groupe communautaire majoritaire dans la communauté chinoise de Polynésie dont nous allons parler plus avant.

L'appartenance sociolinguistique de ces individus issus des trois vagues a perduré au travers d'us et coutumes propres à leur région natale, mais aussi par la transmission linguistique propre à leur communauté d'appartenance. Jusqu'en 1973[12], le statut d'étranger ainsi que la venue d'épouses arrivées de Chine avaient favorisé l'endogamie nécessaire à la transmission inter-générationnelle de ces dialectes[13]. La première génération d'immigrés hakka accordait d'ailleurs une grande importance à la préservation du patrimoine linguistique et culturel. La création d'un temple religieux en 1866 et de deux écoles chinoises[14] répondait à cet impératif de transmission.

Pourtant, l'une des premières distanciations avec leurs compatriotes restés en Chine proviendra de la politique de simplification de l'écriture chinoise (mandarin), portée par Mao Zedong dès 1950[15]. La Chine impériale, que les travailleurs chinois de Polynésie avaient connue, n'est plus. La création d'écoles chinoises à partir de 1922[16] prenait en charge

[11] Trémon, A. C. (2007). Mémoire d'immigrés et malemort: controverses autour du passé coolie chez les Chinois de Tahiti. *Les Cahiers de Framespa. Nouveaux champs de l'histoire sociale* (3).

[12] Assemblée de Polynésie française (2020). La question chinoise - La naturalisation massive de 1973, accessible en ligne : http://histoire.assemblee.pf/articles.php?id=662 (consulté le 20/04/2020)

[13] Certains enfants de la seconde génération furent d'ailleurs envoyés en Chine pour consolider leur langue et culture chinoise originelle dans les années 1930. À partir des années 1950, ce type de pratiques familiales n'a plus cours, puisque les familles les inscrivent exclusivement (ou partiellement) à l'école chinoise. Cf. Trémon, Anne-Christine. (2017) Flexible kinship: shaping transnational families among the Chinese in Tahiti. *Journal of the Royal Anthropological Institute*, 23.

[14] Écoles créées par l'association KooMenTong (国民党 guó mín dǎng) et l'association Philanthropique Chinoise (中华会馆 zhōng huá huì guǎn).

[15] Milsky, C. (1973, March). Le problème de la réforme de l'écriture en Chine: et son histoire avant 1949. In *Annales. Histoire, Sciences sociales* (Vol. 28, No. 2, pp. 429-451). EHESS.

[16] Créée par l'association Kuo Min Tang et enregistrée au JO des EFO du 16/12/1922.

l'enseignement de la langue écrite en caractères traditionnels mandarins (et non simplifiés comme c'était devenu l'usage en République populaire de Chine) ; l'abandon de l'écriture traditionnelle au profit de celle, simplifiée, commencera à creuser un fossé sociolinguistique entre Chinois de Chine et ceux de Tahiti. Ce phénomène s'accentuera lorsque les Chinois abandonneront l'idée de revenir en Chine et commenceront à s'unir aux populations polynésiennes (mariages mixtes) tout en accédant, en 1973, à la naturalisation française.

Commence progressivement un brassage ethnolinguistique qui accentuera encore la distanciation des usages dialectaux entre communautés hakka de Chine et de Polynésie : le dialecte hakka devenant du « chino-tahitien »[17], dialecte créolisé devenant au fil du temps moins compréhensible des Hakkas de République populaire de Chine. En effet, la langue hakka (客家话 kè jiā huà) de référence est celle de la région de Meixian (梅县 méixiàn) au nord de Guangdong. Elle s'apparente globalement au mandarin d'un point de vue grammatical mais comporte 6 tons à l'oral (contre 4 pour le mandarin). L'éparpillement aux quatre coins du monde de ce peuple - historiquement migrant et oppressé sous la Chine impériale - a par la suite engendré des évolutions linguistiques en fonction des zones d'établissement de ses communautés (sons ou phonèmes spécifiques au pays d'accueil avec l'intégration dans la langue hakka de quelques mots en tahitien – par exemple : tout/tous en tahitien se dit « pau roa » et utilisé en hakka par « pauru »)[18].

La fermeture des écoles chinoises et l'accélération de l'accession massive à la nationalité française[19] en 1973 sonneront le glas de la définition stricte de cette communauté en tant que diaspora à part entière, qui, pour ne pas rester marginalisée des grands courants de la vie sociale, économique et politique du Pays, doit laisser derrière elle tout ou partie de

[17] Trémon, A. C. (2007). Les liens transnationaux en diaspora. Le cas des Chinois de Polynésie française. *Diasporas. Histoire et sociétés*, *10* (1), 217-227.

[18] Chenoux P. (2018). *Mémoire de Master : L'apprentissage du mandarin à travers la langue hakka*. Papeete : Université d'Artois.

[19] Francisation des noms de famille, cf. Saura (2002) pp.179-200.

son identité ethnique et linguistique pour adopter la langue et la culture de la société d'accueil – en l'occurrence le français. La situation actuelle est devenue à ce titre inquiétante puisque le nombre de locuteurs en langue chinoise chute inexorablement, si on considère les données recueillies par l'ISPF de 2007[20] à 2012[21] : passant de 2036 locuteurs à 1641, soit une diminution de 20% par an[22]. Si les locuteurs actuels et les apprenants continuent de n'avoir aucune motivation à transmettre leur langue et leur culture, le rythme annuel de ce déclin devrait s'accélérer dans les deux prochaines décennies, jusqu'à ce que ce dialecte créolisé s'éteigne tout à fait.

Comme nous venons de l'observer, les raisons historiques et institutionnelles ont certes été des facteurs déclencheurs du processus de disparition de la langue hakka sur le territoire polynésien, mais restent incomplètes quant à notre compréhension du phénomène de crise de la transmission qui s'opère à ce jour. L'observation des politiques linguistiques du système éducatif français s'avèrera éclairante.

Crise de transmission et politique linguistique dans le système éducatif français

Génération après génération, l'objectif de réussite familiale ne se circonscrit plus à la transmission du patrimoine économique (commerce), mais à la réussite scolaire. Les jeunes d'origine chinoise ne souhaitent plus reprendre l'affaire familiale au

20 ISPF (2007). *Rapport sur les langues*, accessible en ligne : http://www.ispf.pf/docs/default-source/rp2007/6_Langues.pdf?sfvrsn=0 (consulté le 01/04/2020)

21 ISPF (2012). *Rapport sur les langues,* accessible en ligne : http://www.ispf.pf/docs/default-source/rp2012/Tableaux_standards_RP2012_Langues_PDF.pdf?sfvrsn=0 (consulté le 01/04/2020)

22 Pourcentage en valeur absolue et en prenant en considération la taille de la population totale recensée qui a augmenté au fil du temps (192 176 en 2007 ; 202 825 en 2012).

centre-ville de Papeete[23], ni même célébrer les fêtes culturelles - autrefois obligatoires - comme le culte aux ancêtres (*kasan*)[24].

La méfiance des familles chinoises ou « demi »[25] à l'égard du bilinguisme les encourage d'ailleurs à ne favoriser que la langue qui leur sera le plus profitable, dès l'époque de la tertiarisation de l'économie post-CEP[26]. Langue des diplômes et des concours administratifs, la maîtrise du français impose aux familles ayant le plus d'ambition de bannir l'usage de l'alternance codique, pratique linguistique qui consiste de passer d'une langue à l'autre au gré de la conversation. Cette valorisation du français sur le plan scolaire et professionnel plonge la langue hakka dans une désuétude annoncée, qui ne fera que s'accentuer au fil du temps. La politique linguistique d'acculturation par l'école de la République a accéléré l'affaiblissement de l'usage des dialectes hakka (et punti) au sein des jeunes générations[27]. Gérald Coppenrath (1967) évoquait déjà ce processus d'assimilation dès le milieu des années 1960[28], repris par l'anthropologue Bruno Saura en 2002[29]. L'association locale d'origine chinoise *Wenfa*

---

[23] Drouot-Baille B. (2018). Papeete et ses shophouses. La sinisation d'un paysage urbain (1900-1970), *Moussons*, 31.

[24] Le *kasan* est le terme descriptif de l'action rituelle des Chinois de Tahiti sur les tombes de leurs défunts aïeux.

[25] La catégorie d'individus métis à Tahiti s'exprime sous la dénomination « demi ». Ce terme fait généralement référence au métissage entre parents d'origine européenne et polynésienne. Les enfants nés de parents polynésiens et chinois font l'objet de précisions supplémentaires lorsqu'ils s'identifient comme tels. Cf. Laura Schuft (2014). Devenir " demi " en Polynésie française. *Anthropologie et sociétés*. Québec Université Laval, 38 (2), pp.67-88.

[26] Cf. Contour S. (dir.) (2004*). L'économie polynésienne post-CEP, une dépendance difficile à surmonter 1995-2003.* Papeete : CEROM.

[27] Coppenrath G. (1967, op. cit.) : « L'évolution de la minorité chinoise en Polynésie se joue en concomitance avec la symbiose franco-tahitienne qui, elle, est déjà largement greffée sur le plan ethnique comme sur le plan institutionnel ; il est logique que ces deux phénomènes s'interpénètrent. »

[28] Ibid : « Nous avons déjà, à plusieurs reprises, constaté que la minorité avait peu à peu perdu une part de ses caractères propres et que cette tendance s'était accentuée et accélérée depuis quelques années (…) ce revirement peut être considéré comme un effet d'une assimilation déjà acquise mais il doit être aussi envisagé comme une des causes de cette assimilation si elle s'affirme dans un proche avenir comme cela nous paraît probable et souhaitable. »

[29] Saura B. op. cit. p. 387 : « nous dirons qu'elle a réussi cette intégration et même cette assimilation : (…) s'intégrer relativement bien à la société

proposa de définir l'identité de la communauté d'origine chinoise selon le concept des « **3 O** », considérant que ses membres auraient pris au fil des générations le meilleur des cultures **O**ccidentale, **O**rientale et **O**céanienne. Cette conception de l'identité chinoise en Polynésie permettrait ainsi d'expliquer comment cette minorité a réussi à relever le défi de l'intégration, reconnue par l'ensemble de la société polynésienne aujourd'hui.

L'aspect linguistique n'est évidemment pas le seul critère qui caractérise cette assimilation, bien qu'il reste essentiel. À partir des années 2000, l'État français commença en effet à reconnaître sa responsabilité dans le processus de disparition du patrimoine linguistique et culturel régional, et notamment les problèmes inhérents à l'acculturation des populations outre-mer. On compte en Polynésie française 5 langues parlées polynésiennes[30] en plus des autres langues parlées sur le territoire[31]. Bien que l'article 11 de la loi n° 94-665 du 4 août 1994 réaffirme que la « langue d'enseignement de la Polynésie française doit être le français », l'article 34 de la Loi d'orientation pour l'outre-mer entrée en vigueur en 2000 indique que «les langues régionales en usage dans les départements d'outre-mer font partie du patrimoine linguistique de la Nation» et qu'elles «bénéficient du renforcement des politiques en faveur des langues régionales afin d'en faciliter l'usage». L'usage du tahitien, proscrit en 1867 dans toutes les écoles[32], ne fut réintroduit que progressivement à partir de 1977. En outre, l'extension de la loi Deixonne[33] à la Polynésie française[34] lança une dynamique permettant un plus grand

---

majoritaire tout en orientant leurs enfants vers la culture de l'Occident qui supplante peu à peu celle des Polynésiens ».

30 Tahitien, mangarévien, pa'umotu, marquisien, austral.

31 Pérez, M. (2013). Langues océaniennes : une grande diversité. *Hermès,* 65(1), 95-96.

32 Bien que le tahitien soit au départ une langue d'évangélisation et d'alphabétisation, il devint interdit en 1867. Cf. Lavondès, H., (1972). Problèmes sociolinguistiques et alphabétisation en Polynésie française, *Cahiers de l'ORSTOM,* vol. IX, n°1, pp. 49-61.

33 Loi n°51-46 du 11 janvier 1951 relative à l'enseignement des langues et dialectes locaux, Loi Deixonne.

34 Louise Peltzer (2009). Le cas du tahitien et des langues polynésiennes en Polynésie française, *Tréma,* 31, 97-106.

transfert des compétences au Territoire en 1977[35], par la mise en place de l'enseignement obligatoire du tahitien en 1985 à l'école élémentaire (2h30 hebdomadaire).

Bien que les Polynésiens restent profondément attachés à leurs langues, le bilan linguistique confirme également le déclin de leur usage. Les deux recensements réalisés par l'ISPF à dix ans d'intervalle montrent que le français tend à continuer à s'imposer au sein des foyers. : l'usage d'une langue polynésienne étant passé de 29,9% en 2007 à 25% en 2017, contre 68,5% à 73% en français. Malgré les efforts déployés par les institutions[36] et les médias (TV/radio) en faveur du bilinguisme[37], le transfert linguistique et l'acculturation progressent inéluctablement dans la société polynésienne, toutes origines confondues[38].

Parallèlement à cette acculturation au français de la population polynésienne, la trajectoire linguistique hakka n'a pas connu ce regain d'intérêt ni de reconnaissance sur le plan institutionnel, scolaire ou médiatique. Le transfert linguistique irréversible qui s'opéra en faveur de l'usage généralisé du français permit néanmoins qu'émerge un regain d'intérêt pour la langue et civilisation chinoises dans le système scolaire depuis les années 1980, période qui marqua le début de l'ascension économique mondiale de la Chine[39].

---

[35] Pour l'Enseignement préélémentaire et élémentaire et en matière d'enseignement des langues locales.

[36] Lettre de rentrée 2018-2019 de Madame la ministre de l'Éducation de Polynésie française : « Les langues et cultures polynésiennes, présentes en tout lieu du Fenua, sont un vecteur de développement personnel et de la transmission intergénérationnelle indispensable à l'échange enfant-parent/famille et à l'équilibre général de notre société. »

[37] Définition du bilinguisme selon Grosjean F. (2015), *Parler plusieurs langues, le monde des bilingues : utiliser deux ou plusieurs langues ou dialectes dans la vie de tous les jours*. Paris : Albin Michel.

[38] À noter qu'en 1962, 60% de la population de 15 ans et plus déclaraient ne pas savoir lire et écrire en français. 80% des recensés déclaraient savoir lire et écrire en tahitien. Lavondès, H. (1972). Problèmes sociolinguistiques et alphabétisation en Polynésie française. *Cahiers ORSTOM. Série Sciences humaines*, 9(1), 49-61.

[39] Cf. Bergère, M. C. (2013). *Chine: le nouveau capitalisme d'État*. Paris : Fayard.

Mondialisation et transfert linguistique : quand la crise de transmission devient une ambition partagée

L'Inspecteur général de chinois du ministère de l'Éducation nationale, Joël Bellassen, résumait en ces termes l'engouement mondial de l'apprentissage du mandarin :

« L'émergence de la langue chinoise et son accès à une dimension internationale constituent une des mutations majeures affectant le paysage linguistique mondial au début du 21ᵉ siècle. Inscrite dans le contexte de l'essor du monde chinois, cette émergence, loin d'être un effet de mode, est l'une des incidences de la mobilité des personnes et de la mondialisation des échanges sur la dynamique et la dimension réelle ou scolaire des langues.»[40]

La Polynésie ne fait pas exception à cette prise de conscience ; les ambitions des familles et celles du gouvernement local se rejoignant pour favoriser le développement de l'enseignement du mandarin sur le Territoire.

En effet, sur le plan politique et économique, la mondialisation et le programme étatique chinois des *Nouvelles Routes de la Soie du XXIe siècle* ont conforté cette attraction mondiale pour la Chine, qui apparaît comme une manne providentielle pour l'avenir économique du Pays. En témoignent l'accélération des projets et partenariats bilatéraux depuis les années 2000-2010 : ligne aérienne Chine-Tahiti, ferme aquacole de Hao[41], etc. Cette volonté d'institutionnalisation des relations sino-polynésiennes est consolidée par une politique chinoise dite de *soft power*[42], qui se traduit par le développement d'échanges diplomatiques et

[40] Bellassen J. (2015). Le chinois, langue émergente - État de l'enseignement du chinois en 2015-2016. Paris : FCAE, accessible en ligne : https://fcae.fr/pdf/Etat-du-chinois-DEC2015.pdf (consulté le 19/04/2020).

[41] Cf. Bayen A. (2017) L'Océan pacifique : Nouvelle zone d'intérêt pour la sécurité alimentaire en Chine - Enjeux et perspectives du projet d'aquaculture chinois sur l'atoll de Hao, in *What kind of rights to food security in Asia-Pacific?* , Université de Polynésie française, Punaauia.

[42] Nye J S. Jr. (2005).The Rise of China's Soft Power, *Wall Street Journal Asia,* December 29, 2005.

socioculturels croissants : implantation d'un consulat en 2007[43], rapprochements avec les populations locales - notamment celles d'origine chinoise - via le tissu associatif (plus d'une dizaine d'associations culturelles chinoises réunies sous l'égide de l'association historique SI NI TONG)[44], etc.

Sur le plan éducatif, les partenariats avec le gouvernement de la République populaire de Chine ne cessent de se développer (en partie pour éclipser les relations existantes avec Taiwan[45] tout en s'assurant une présence pérenne sur ce Territoire en phase d'autonomisation). Outre les programmes d'échanges scolaires et les bourses d'études en Chine octroyées[46] - en collaboration avec les autorités et les associations locales chinoises - l'implantation d'un institut Confucius au sein de l'université de Polynésie française en 2013[47] marque une institutionnalisation de la présence chinoise via la représentation consulaire. En témoigne également le «prix d'excellence dans l'enseignement du chinois en outre-mer» décerné par le consul de la République populaire de Chine à l'enseignante de mandarin, Lucie Guilloux[48]. Descendante d'un des premiers coolies venu travailler sur les plantations d'Atimaono, celle-ci a étudié le mandarin à l'Institut national des langues et civilisations

---

[43] Trémon, A. (2009). Un Consulat de Chine dans la France d'outre-mer. *Critique internationale*, 42(1), 119-140.

[44] Wenfa, Philanthropique chinoise, Koo Men Tong 2 et 3, Groupe des 7 Villages, Chee Kong Tong, Te Vahine Porinetia, Si yuan hui, Phisigma.

[45] Colin S. (2017). La politique de la Chine dans le Pacifique Sud, in *L'Océanie convoitée*. Paris : CNRS, p.159-168

[46] Cf. Ministère de la Jeunesse, de l'éducation et des sports. (2019) *Europe et international – se former en Chine en ligne sur le site,* accessible en ligne https://www.education.pf/se-former-en-chine (consulté le 19/04/20) ; Ministère de la Jeunesse, de l'éducation et des sports. (2020) *Bourses du gouvernement chinois 2020-2021,* accessible en ligne https://www.education.pf/wp-content/uploads/2019/12/Bourse-du-Gouvernement-Chinois-2020.pdf (consulté le 19/04/2020)

[47] L'UPF entretient depuis 2008 un programme d'échange universitaire avec l'institut de la diplomatie de Chine *(Waijiao Xueyuan)*. Cf. site de l'institut Confucius accessible en ligne : http://www.upf.pf/fr/les-formations-de-linstitut-confucius (consulté le 01/04/20).

[48] Samoyeau A. (2020 1er février). La Chine reconnaît « l'excellence » de Lucie Guilloux. *Radio One,* accessible en ligne : https://www.radio1.pf/la-chine-reconnait-lexcellence-de-lucie-guilloux/ (consulté le 01/03/2020).

orientales (INALCO) à Paris avant de revenir à Tahiti. Son parcours et la création en 1980[49] de la première classe de mandarin en milieu scolaire en Polynésie française sont emblématiques du processus de renouveau identitaire qui a eu lieu au sein de la descendance des premiers immigrés chinois de Tahiti. Nombre d'enseignants de mandarin aujourd'hui sont d'ailleurs issus de cette descendance. Des classes de mandarin sont ouvertes dans la plupart des collèges-lycées de Tahiti. Enseignants et élèves redécouvrent apparemment un sentiment de fierté quant à leur appartenance à la « grande nation chinoise », mise sur le devant de la scène médiatique et économique aujourd'hui, et ce, après des années d'isolement et de méfiance[50].

L'apprentissage du chinois - dans le milieu scolaire et extra-scolaire[51] - devient dès lors un élément de prestige relevant des processus de « reproduction »[52] et de « lutte pour la distinction »[53] décrits par Bourdieu. La stratégie des parents consistant à placer leurs enfants, jusque dans les années 2000, en classe de latin ou de grec pour qu'ils puissent faire partie des classes à visée élitiste, s'est déportée sur les classes enseignant le mandarin.

Quels défis ?

Face au constat d'une extinction programmée du dialecte « hakka de Tahiti » par les jeunes générations au profit du mandarin, le premier réflexe pourrait être de se tourner vers les préconisations de l'UNESCO, qui promeut la diversité linguistique et le

---

49 Ibid.

50 Coppenrath G. (1967) op. cit.

51 Cours de langue et civilisation donnés principalement par les associations chinoises locales.

52 Bourdieu P., Passeron JC. (1970). *La Reproduction Éléments d'une théorie du système d'enseignement.* Paris : Éd. de Minuit.

53 Boudieu P. (1979) *La Distinction : critique sociale du jugement.* Paris : Éditions de Minuit.

multilinguisme[54] en tant que vecteur d'identité, de communication, d'intégration sociale, d'éducation et de développement. En affirmant que « les langues ont une importance stratégique pour les peuples et pour la planète »[55], l'organisation encourage la mise en place de politiques de reconnaissance et de protection des langues minoritaires, y compris au sein des systèmes éducatifs. En outre, la réalisation d'une collaboration créative entre les membres de la communauté et les linguistes permettrait d'élaborer un enseignement formel de ce dialecte local en voie de disparition, afin que l'utilisation de celui-ci apparaisse comme « un atout plutôt qu'un handicap. »[56]

Ce travail de promotion du multilinguisme s'appuie principalement sur trois textes normatifs :

- la Déclaration universelle de 2001 de l'UNESCO sur la diversité culturelle. Celle-ci appelle à sauvegarder le patrimoine linguistique de l'humanité en encourageant la diversité linguistique dans le respect de la langue maternelle, en stimulant l'apprentissage du plurilinguisme dès le plus jeune âge et en développant la diversité linguistique dans l'espace numérique.

- La Convention de 2003 pour la sauvegarde du patrimoine culturel immatériel (PCI). Celle-ci reconnaît le rôle essentiel du langage dans l'expression et la transmission du patrimoine vivant. Tous les domaines du patrimoine culturel immatériel (des connaissances sur l'univers aux rituels, des arts du spectacle aux savoir-faire) dépendent des langues pour leurs pratiques quotidiennes et leur transmission d'une génération à l'autre.

- Enfin la Convention de 2005 sur la protection et la promotion de la diversité des expressions culturelles. Celle-ci affirme que la diversité linguistique est un élément fondamental de la diversité

[54] UNESCO (2001) *Vitalité et disparition des langues,* accessible en ligne : https://ich.unesco.org/doc/src/00120-FR.pdf (consulté le 03/03/2020)
[55] UNESCO (2016) Les langues : ça compte !, accessible en ligne : https://wayback.archive-it.org/10611/20160827181555/http://www.unesco.org/new/fr/culture/themes/cultural-diversity/languages-and-multilingualism/#c166987 (consulté le 03/03/2020)
[56] Ibid.

culturelle et encourage l'adoption par les gouvernements de mesures destinées à protéger et à promouvoir la diversité des expressions culturelles dans le cadre d'activités, biens et services culturels (article 6. B).

En ce qui concerne la promotion du hakka dans le système éducatif, le postulat pourrait être le suivant : considérant que l'efficacité de l'apprentissage d'une langue à l'école est déterminée par des facteurs tels que la relation de proximité avec l'enseignant, les prédispositions ou facilités linguistiques de l'apprenant et la motivation liée à l'objectif visé de l'utilisation de la langue, l'enseignement du chinois en milieu scolaire par des professeurs d'origine locale ainsi que l'utilisation d'un manuel scolaire adapté au contexte linguistique et culturel local seraient deux atouts non négligeables pour lutter contre le processus de disparition de la langue hakka en Polynésie française.

Ainsi, le recrutement d'enseignants de mandarin issus de la communauté chinoise de Polynésie, situation déjà existante sur le terrain, serait potentiellement à privilégier dans la continuité des politiques de discrimination positive déjà mises en place sur le marché du travail sur le Territoire[57]. Permettre à ces enseignants d'avoir recours à des manuels scolaires au programme adapté au contexte local apparaîtrait pertinent au regard des bénéfices potentiels en matière de sauvegarde du PCI - pour les apprenants en premier lieu.

Tout comme en histoire-géographie où les programmes scolaires dans les classes de 2de et de 1re sont adaptés au contexte historique et géographique local[58], les manuels scolaires de chinois pourraient proposer des leçons complémentaires sur la langue et la culture hakka de Polynésie (danse des Lions, *Kasan*, visite du temple Kanti, etc.). Cette redécouverte de l'Histoire de la communauté chinoise à Tahiti et de son patrimoine, matériel et immatériel, permettrait d'inscrire dans la durée la transmission intergénérationnelle d'une identité « chinoise de Polynésie » en

---

[57] Loi du pays n° 2019-30 - Relative à la promotion et à la protection de l'emploi local du 05/11/2019.

[58] Ministère de l'éducation et de l'Enseignement supérieur, de la jeunesse et des sports (2016). *Programmes 2016 adaptés à la Polynésie française*.

mutation. Tout en offrant un enseignement *standard* du mandarin, le recrutement d'enseignants d'origine locale permettrait en outre d'incarner tout à fait l'adaptation dont a su faire preuve la communauté pour vivre son identité chinoise dans la société polynésienne aujourd'hui. Ces pistes mériteraient peut-être d'être explorées, au moins expérimentalement à l'échelle d'un ou deux établissements pour une étude comparative.

Sur le plan politique et social, les plans de sauvegarde mis en œuvre à Taiwan pourraient en dernier lieu inspirer le gouvernement polynésien sur certaines mesures à mettre en œuvre. La politique multiculturelle de protection des minorités du gouvernement taïwanais, en plus d'instances représentatives pour les groupes minoritaires, a réalisé plusieurs mesures de soutien intéressantes : promotion de la langue et la culture hakka par le renforcement de l'apprentissage linguistique, financement de recherches historiques et ethnologiques dédiées au patrimoine hakka, création de sites web et d'une chaîne de télévision en langue hakka, ouverture de musées, de festivals et de centres culturels dans chaque comté et municipalité depuis les années 2000.

Ce volontarisme politique de modernisation et de promotion de la langue et de la culture n'est évidemment pas transposable ni comparable en l'état au contexte polynésien. Néanmoins, le recul de plusieurs décennies sur la concrétisation et les résultats apportés par ces mesures pourraient être pris en considération dans celles à proposer (ou à écarter) dans le contexte métissé polynésien.

Enfin, solliciter l'accompagnement d'organisations internationales telles que l'UNESCO, notamment sur le plan méthodologique et financier, pourrait être un ressort non négligeable à la réalisation d'un plan de sauvegarde du patrimoine linguistique et culturel local. La première étape tiendra à mesurer le niveau de vitalité de ces langues – hakka et punti - en Polynésie. Le schéma proposé par l'UNESCO ci-contre illustre la méthodologie préconisée dans une approche interdisciplinaire du multilinguisme et de la diversité linguistique. Elle identifie 9 critères[59] permettant de mesurer la vitalité d'une langue :

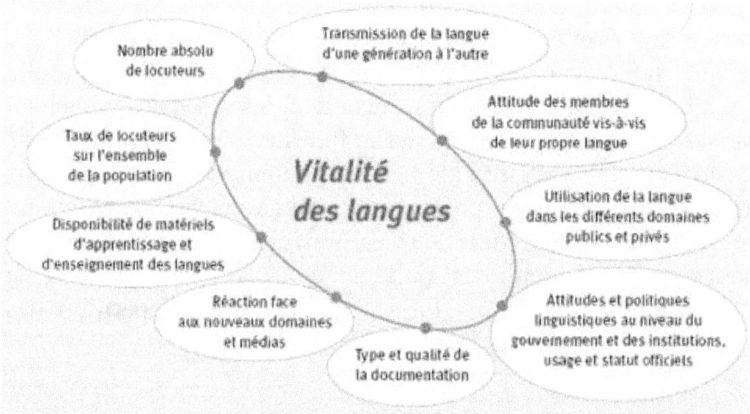

Schéma : UNESCO (2016). Une méthodologie pour évaluer la vitalité et le danger de disparition des langues.

En conclusion, il apparaît que dans une volonté de sauvegarde de la langue hakka en Polynésie, le concept des 3 O soit plus un constat qu'une aspiration à promouvoir. Loin d'une approche communautariste, l'engouement général pour l'apprentissage du mandarin permet déjà d'éviter cet écueil, réunissant apprenants d'origine polynésienne, métropolitaine ou chinoise. Ce serait l'occasion d'enrichir, par les contacts interculturels entre ces futurs adultes, des échanges non plus simplement scolaires dans l'apprentissage d'une langue étrangère, mais interculturels entre enseignants et apprenants ; encourageant de fait la mixité culturelle et sociale promue par l'École de la République. Cette étape pourrait marquer un nouveau tournant dans la réappropriation de la langue chinoise par une communauté d'origine, valorisée comme une langue d'avenir et non plus désuète et appartenant au passé.

59 UNESCO (2016). Une méthodologie pour évaluer la vitalité et le danger de disparition des langues. Archive accessible en ligne : https://wayback.archive-it.org/10611/20160828214414/http://www.unesco.org/new/fr/culture/themes/endangered-languages/language-vitality/ (consulté le 03/03/2020)

A contrario la langue française, qui est celle de l'école, de l'administration et des médias, reste indubitablement l'outil indispensable à toute promotion sociale et constitue de ce fait une langue dominante. Cette position constitue à ce titre une menace incontestable pour les autres langues dans la société plurielle polynésienne : la jeunesse les délaisse et les aînés aussi, menant ces langues à terme vers une issue funeste. Bien que nous ayons identifié certains ressorts de l'extinction en cours et les moyens de lutte et de préservation pour sa sauvegarde, rien ne garantit à ce jour que cette étude ou les moyens de sauvegarde qui pourraient être déployés puissent être suffisants face à la mondialisation en cours, où le rythme de la disparition des langues ne cesse inexorablement de s'accélérer.

Bibliographie

AUGUIN E. et LEVY, F. (2007). Langue et vulnérabilité des migrations chinoises actuelles. *Revue européenne des migrations internationales*, vol. 23 - n°3, pp.67-84.

CALVET, L. (2017). *La sociolinguistique.* Paris : Presses Universitaires de France.

CHENOUX, P. (2018). *L'apprentissage du mandarin à travers la langue hakka. Papeete :* Université d'Artois, mémoire Master de chinois /s dir. Dantille X.

CONSTABLE, N. (dir.) (1996). *Guest People : Hakka Identity in China and abroad.* Seattle : University of Washington Press.

COPPENRATH, G. (1967). *Les Chinois de Tahiti : De l'aversion à l'assimilation, 1865-1966.* Paris : Société des Océanistes.

GIBLIN, B. (2002). Langues et territoires : une question géopolitique. *Hérodote* 105, pp.3-14.

HAGEGE, C. (2002). *Halte à la mort des langues*. Paris : Odile Jacob.

(2015). Langues et territoire : une relation complexe. *Inflexions*, 30(3), pp.19-23.

LAVONDES, H. (1972). Problèmes sociolinguistiques et alphabétisation en Polynésie française. In *Sociétés et espaces océaniens en transition : études sociales et économiques en Polynésie orientale et Mélanésie du sud :* Cahiers ORSTOM. Série Sciences humaines, 9 (1), pp.49-61.

LY, J.M. (2003). *Adieu l'étang aux chevrettes*. Papeete : Te Ite Éditions

(1999). *Hakka en Polynésie*. Papeete : Te ite

PAN, L. (dir.) (2000). *Encyclopédie de la diaspora chinoise*. Paris : Éd. du Pacifique.

PANOFF, M. (1981) Farani Taioro. La première génération de colons français à Tahiti. *Journal de la Société des océanistes*, n°70-71, tome 37, pp. 3-26.

(1989), *Tahiti métisse*. Paris : Denoël

SAURA, B. (2002). *Tinito La communauté chinoise de Tahiti : installation, structuration, intégration*. Tahiti : Vent des Îles.

SIN CHAN, E. (2005). *Identité chinoise à Tahiti – Ruptures, désordre, fabrication*. Papeete : Te Ite Éditions

TREMON, A-C. (2009) Trajectoire de vie d'une Polynésienne dans une famille d'immigrés chinois, *Migrations société*, pp.115-126.

WANG, S (2007), *Illusions et souffrances. Les migrants chinois à Paris*. Paris : Éditions Rue d'Ulm, coll. Sciences sociales.

Le *mana*, marque d'une transmission symbolique

Tabou et topique de la Polynésie française

Par Céline Hervé-Bazin

Docteur en Sciences de l'Information et de la Communication
Chercheur associé au GRIPIC (CELSA)

« Pleurez, malheureux Otaïtiens, pleurez, mais que ce soit de l'arrivée et non du départ de ces hommes ambitieux et méchants. Un jour vous les connaîtrez mieux. Un jour ils reviendront le morceau de bois[1] que vous voyez attaché à la ceinture de celui-ci dans une main, et le fer qui pend au côté de celui-là dans l'autre, vous enchaîner, vous égorger ou vous assujettir à leurs extravagances et à leurs vices. Un jour vous servirez sous eux, aussi corrompus, aussi vils, aussi malheureux qu'eux. Mais je me console, je touche à la fin de ma carrière et la calamité que je vous annonce, je ne la verrai point. Ô Otaïtiens, ô mes amis, vous auriez un moyen d'échapper à un funeste avenir, mais j'aimerais mieux mourir que de vous en donner le conseil. Qu'ils s'éloignent et qu'ils vivent. »[2]

---

[1] Un crucifix.

[2] Diderot (1796) *Supplément au voyage de Bougainville ou Dialogue entre A. et B. sur l'inconvénient d'attacher des idées morales à certaines actions physiques qui n'en comportent pas*, Opuscules philosophiques et littéraires, la plupart posthumes ou inédites, Paris: imprimerie du Chevet. En ligne sur le site de l'UQAC :

En 1771, Diderot pose un postulat toujours d'actualité autour du défi de la transmission de la culture sacrée polynésienne. Le vieil homme préfère mourir que de donner conseil. Ce refus de transmettre est toujours présent à Tahiti où prime la vertu du mérite et de l'expérience acquise par soi-même. Cette transmission refusée a un double statut ; elle est à la fois sacralisée et secrète au point d'être fantasmée et recherchée affirmant une identité qui s'expose dans l'alcôve de l'initié. Elle est également questionnée et remise en question en particulier par les jeunes générations qui appellent à la transmission sous la menace de voir disparaître la culture polynésienne. Appelant à lever la chape de l'interdit, le regain identitaire et culturel polynésien récent souhaite faire revivre l'être polynésien à la lueur de la modernité. Dans cette vague de reconquête, le *mana* enserre nombre des attributs des enjeux de la transmission de la société polynésienne moderne. Surinvesti par les Européens devenu « mot-*mana* »[3] et « machin-mot, »[4] le *mana* fait figure de tabou, interdit et objet de peur. Reconstruit par le marketing récent, le *mana* agit comme un topique, versant conscient et inconscient des lieux communs de la transmission polynésienne.

Au cœur de la campagne de communication et marketing de l'Office du Tourisme depuis 2016, le *mana* illustre les composantes d'un mot-marque, d'un mot-topique, d'un « mot-

---

http://www.uqac.uquebec.ca/zone30/Classiques_des_sciences_sociales/index.html (consulté le 5 juin 2019).

[3] En 1975, Roland Barthes évoque le mot-*mana* comme un mot « corps », un mot qui englobe tout, « signifiant occupant la place de tout signifié ». Mathieu Quet instaure en 2014 dans son article que le principe même du mot-*mana* barthésien exerce un pouvoir tel qu'il peut « légitimer n'importe quelle analyse. »

[4] Claude Lévi-Strauss est célèbre pour avoir interrogé le sens donné au terme *mana* qualifié de « truc » ou « machin » dans son introduction à l'œuvre de Marcel Mauss (1949). Pour l'anthropologue, ce mot polynésien détient une « valeur symbolique zéro », « c'est-à-dire un signe marquant la nécessité d'un contenu symbolique supplémentaire à celui qui charge déjà le signifié. » (Lévi-Strauss, 1989 : p. L. cité par Marcel Quet). Nous rapprochons « machin-mot » en miroir à l'expression mot-*mana* pour signaler que si le *mana* paraît un mot valise aux yeux de Claude Lévi-Strauss ou Roland Barthes, il existe de nombreux autres mots vidés de leur sens à l'ère de l'hyper médiation sémantique et de la trivialité des objets culturels.

mana » folklorisé et transmis par le lissage culturel d'une identité polynésienne reconstruite par les Occidentaux. Mot-marque, le *mana* transmet des valeurs, une identification et mobilise autour de lui. S'il ne dispose pas de l'attribut direct des marques (produit, packaging, slogan), il évolue comme la marque d'un pays à travers la campagne de Tahiti Tourisme au service d'une culture polynésienne qui s'expose.[5] Mot-topique, il resserre un certain nombre de stéréotypes et d'imaginaires en circulation à la fois dans la société et à la fois sur l'espace public. Mot-*mana*, nous chercherons à interroger la trivialité[6] de ce mot devenu objet culturel afin d'avancer la thèse d'un *mana*-médium.

Le *mana*, topos fantasmé

Selon le dictionnaire de l'Académie tahitienne en première entrée, le mana signifie « puissant, fort, qui a de l'autorité. » Cette vision renvoie à la définition la plus souvent retrouvée dans les dictionnaires transmis par les missionnaires. John Davies le traduit en 1851 par « pouvoir » dans son dictionnaire Tahitian

---

[5] Classification en référence aux travaux de Jean-Noël Kapferer en particulier, son analyse de l'évolution des marques à travers l'exemple de la marque « France » qu'il qualifie de « marque-pays » dans Kapeferer, J.-N. (2011) France : Pourquoi penser marque ? *Revue française de gestion, 2011/9-10 (n°218-219)*, p.15.

[6] Nous faisons référence à l'ouvrage *Penser la trivialité* de Yves Jeannerêt qui désigne la trivialité selon son étymologie latine, un carrefour. La notion fait référence au cheminement et à la circulation des êtres culturels à la fois objet et texte. Il s'intéresse à la circulation créative des objets culturels, ce qui permet d'analyser les caractères « mixtes d'objets, de représentations, et de pratiques. » La trivialité souligne la réappropriation faite par l'exercice des échanges de communication et de transmission. Nous retenons particulièrement le caractère médiologique de la trivialité interrogeant la médiation symbolique et la construction des référentiels culturels. Dans *Critique de la trivialité*, l'enseignant-chercheur développe la capacité de certains de ces objets culturels à atteindre davantage d'espaces publics. Pourquoi certains objets culturels s'imposent-ils par rapport à d'autres ? L'auteur évoque une *doxa* des modalités triviales. L'auteur qualifie la succession et l'accélération de la diffusion des objets triviaux à l'aune de l'économie et l'industrialisation des médiations culturelles actuelles. Selon nous, cette idée favorise la transformation d'objet comme le *mana* en « choses » réduisant la capacité médiatrice du *mana* bel et bien vidé de son contenu.

and English Dictionary[7] ou encore, Etienne Tepano Jaussen le définit par puissance ou « être influent » en 1861.[8] Cette notion est également rapportée par Ernst Dieffenbach, dont l'ouvrage *Voyages en Nouvelle Zélande* est à l'origine de la première définition du mana publiée dans le très réputé dictionnaire *Oxford English Dictionary.* Cité comme source pour l'étymologie du mot[9], le médecin et explorateur allemand circonscrit le mana comme « pouvoir, autorité. »[10] Cette force autoritaire a un statut sacré, un tapu devenu tabou, interdit car réservé à quelques élus. Ce mana qui punit impose l'idée d'une loi divine autoritaire s'exerçant sur les hommes.

Dans *Tahiti aux temps anciens* de Teuira Henry surgit une autre conception du *mana*. Le mot est associé à un lieu historique situé à Raiatea, l'île sacrée.[11] L'article relate des événements surnaturels autour de pierres chargées de mystère. Ce caractère magique se retrouve chez Marcel Mauss au fil de ses travaux sur le don et sur la magie.

« En somme, ce mot (mana) subsume une foule d'idées que nous désignerions par les mots de : pouvoir de sorcier, qualité magique d'une chose, chose magique, être magique, avoir du pouvoir magique, être incanté, agir magiquement ; il nous présente, réunies sous un vocable unique, une série de notions dont nous avons entrevu la parenté, mais qui nous étaient, ailleurs, données

---

7 Davies, J. (1851) *Tahitian and English Dictionary*, Papeete: Edition Haere Po No Tahiti, édition 1984.

8 Jaussen, T. (1861) *Dictionnaire de la langue polynésienne*, Papeete: Société des Études Océaniennes, édition 2013.

9 CNTRL « *Mana* : Étymol. et Hist. 1902-03 (H. Hubert et M. Mauss, *Théorie générale de la Magie* ds *L'Année sociol.* t. 7, p. 98). Mot māori, introduit prob. par l'intermédiaire de l'angl. (1843, E. Dieffenbach) » En ligne sur le site du CNRTL https://www.cnrtl.fr/etymologie/mana, consulté le 4 juin 2019.

10 Dieffenbach, E. (1843) *Travels in New Zealand, vol. 2*, p. 371. Cité par Morris, E. E. (1898) *Austral English: a dictionary of Australasian words phrases and usages, with those Aboriginal-Australian and Maori words which have become incorporated in the language and the commoner scientific words that have had their origin in Australasia*, London: MacMillan et par Smith, J.Z. (2004) *Relating Religion: Essays in the Study of Religion*, Chicago: University of Chicago.

11 Henry, T. (1928) *Tahiti aux temps anciens*, Papeete: Société des Océanistes, édition 1993.

à part. Il réalise cette confusion de l'agent, du rite et des choses qui nous a paru être fondamentale en magie. »[12]

Marcel Mauss s'appuie sur les propos de Robert H. Codrington considéré comme le « père du *mana.* » Premier ayant rapporté sur ce qu'il a associé à une pratique religieuse, l'anthropologue et pasteur anglais qualifie le *mana* de « croyance autochtone dans la magie. »[13] Il la retrouve dans les nombreuses pratiques des Mélanésiens : pêche, pierre, chant, l'eau bue ou traversée, etc.

« C'est le *mana.* (…) C'est un pouvoir ou une influence loin d'être physique, elle est plutôt surnaturelle mais elle se manifeste dans le corps ou en toute forme de pouvoir qu'un homme peut détenir. Le *mana* est fluide, il est présent en toute chose ou presque ; les esprits qu'ils soient des âmes désincarnées ou des êtres surnaturels le possèdent et peuvent le transmettre ; il est à la source des êtres même s'il peut se manifester à travers l'eau, les pierres ou les os. L'ensemble de la religion mélanésienne consiste à s'approprier ce *mana* ou à l'utiliser à son profit - la religion est ici à comprendre comme un ensemble de pratiques, de prières et de sacrifices. »[14]

Posé dans ce caractère magique dense, complexe et incarné par un seul mot, le *mana* génère une querelle scientifique au sein de la société anthropologique et sociologique européenne. Roger Keesing oppose à Robert H. Codrington son interprétation du *mana* au nom de la préservation de la culture *māori,* ouvrant une deuxième trajectoire de la diffusion du concept au sein de la

---

[12] Mauss, M., & Hubert, H. (1902-1903) *Esquisse d'une théorie générale de la magie*, *T. 7,* p. 1-146. En ligne sur le site de l'UQAC dans le cadre de la collection « Les classiques des sciences sociales en ligne », http://www.uqac.uquebec.ca/zone30/Classiques_des_sciences_sociales/index.html, document produit en version numérique par Jean-Marie Tremblay, http://misraim3.free.fr/divers/esquisse_d_une_theorie.pdf, consulté le 05 juin 2019.

[13] Codrington, R. (1891) *Melanesian anthropology and folklore*, Oxford: Clarendon Press. Traduction de la phrase "Native belief in magic", p. xii. Version digitalisée en 2015 accessible en ligne : https://archive.org/details/b21936171/page/122, consulté le 15 août 2019.

[14] Cordington, R. H. (1891) *The Melanesians: studies in their anthropology and folk-lore*, Oxford: The Clarendon Press, p. 119. Version digitalisée accessible en ligne : https://archive.org/details/b21936171, consulté le 5 juin 2019.

communauté scientifique.[15] Cette fluidité conceptuelle est notamment synthétisée par plusieurs auteurs dans un effort de rationalisation de ce *mana* insaisissable. En 1940, Raymond Firth résume ainsi les définitions apportées par les différents penseurs de ce mot historique :

« Le *mana* a été transmis par : un pouvoir surnaturel, une influence (Codrington) ; un pouvoir magique ; une force psychique (Marett) ; une force religieuse interpersonnelle ; un principe totémique (Durkheim) ; une force divine (Handy) ; un effet ; un miracle ; une autorité ; un prestige ; etc. (Tregear) ; une vérité (Hocart). »[16]

Le résultat de cette querelle scientifique aboutit à déclassifier le *mana* dans une forme d'acception religieuse. Pour Mircea Eliade, l'article de Robert Ranulph Marett symbolise une construction par les anthropologues du début du XXe siècle selon laquelle le *mana* serait une forme primaire de la religion. Le *mana* s'avère être « un sentiment *de terreur mystérieuse* et d'*étonnement* provoqué par la confrontation avec un pouvoir impersonnel. » La définition est convaincante pour l'époque au point que ce « cliché » soit accepté par la société savante[17], une approche que Mircea Eliade interroge rappelant le caractère structurant de la magie avant l'arrivée des religions.

Plus récemment, Nicolas Meylan a opposé deux conceptions du *mana*, celle portée par l'étude de la linguistique et de l'ethnographie des peuples polynésiens et mélanésiens et celle divulguée par différentes disciplines occidentales s'interrogeant sur la religion. Il note le rôle « protéiforme » s'accordant sur le

---

[15] Thorgeir, K. (2013) Codrington, Keesing, and Central Melanesian *mana*: Two Historic Trajectories of Polynesian Cultural Dissemination: Becoming like the state: ethnographic perspectives on the state and indigenous sovereignty in Oceania, *Oceania, Vol. 83, No 3*, p. 316-327.

[16] Firth, R. (1940) The analysis of *mana*: an empirical approach, *The Journal of the Polynesian Society, Vol. 49, no. 4 (196),* Décembre 1940, p. 484.

[17] « On croit encore dans bien des cercles que le *mana* représente le premier stade de la religion. » Mircea, E. (1969) *La nostalgie des origines*, Paris: Éditions Gallimard, édition 1971, p. 35.

statut du mot en tant que « catégorie à caractère universel. »[18] Quand Claude Lévi-Strauss associe le *mana* à un « machin », il exprime l'impossibilité de traduire la richesse de cette notion englobante pour en dénoncer le caractère flou, synonyme de soumission.

« Ce signifiant flottant, qui est la servitude de toute pensée finie (mais aussi le gage de tout art, toute poésie, toute invention mythique et esthétique), bien que la connaissance scientifique soit capable, sinon de l'étancher, au moins de le discipliner partiellement. »[19]

Pour preuve, le mot est tellement vulgarisé dans ce vide et trop plein de sens qu'il est devenu « mot-*mana* », un mot totalitaire et symbolique dont Roland Barthes, sémiologue adepte des décryptages résume sa fonctionnalité et ses multiples statuts.

« Dans le lexique d'un auteur, ne faut-il pas qu'il y ait toujours un mot-*mana*, un mot dont la signification ardente, multiforme, insaisissable et comme sacrée, donne l'illusion que par ce mot, on peut répondre à tout ? »[20]

À bien y regarder, la notion revêt ce caractère sacré insaisissable pour les penseurs occidentaux chargés de qualifier une religion. Selon Mircea Eliade, le *mana* est la magie qui « précède la religion » et cite les travaux de James George Frazer, Sigmund Freud ou Émile Durkheim sur le *mana* pour confirmer le caractère structurant du *mana* qui représente « la manifestation

---

[18] Expression faisant référence aux travaux de Robert Marett (1916) citée par Meylan, N. (2017) *Mana. À History of a Western Category*, Pays-Bas: Brill, p. 35.

[19] Lévi-Strauss, C. (1949) « Introduction à l'œuvre de Marcel Mauss » dans Mauss, M. (1950) *Sociologie et anthropologie*, Paris: Presse universitaire. Texte accessible en ligne : http://palimpsestes.fr/textes_philo/levi_strauss/surmauss.pdf, consulté le 5 juin 2019.

[20] Barthes, R. (1975) *Roland Barthes par Roland Barthes*, Paris: Seuil, collection « Écrivains de toujours », p. 133 cité par Jouve, V. (2016) *Réflexion et métaphore chez Roland Barthes*, *Carnets* [En ligne], *Deuxième série – 6*, accessible en ligne : http://journals.openedition.org/carnets/761, consulté le 19 avril 2019.

initiale de la vie religieuse. »[21] Missionnaire des idées, leurs perceptions chassent toutes formes de croyances animistes et renient une réalité qu'ils refusent que d'autres reconnaissent pourtant. James Cook dans ses journaux de bord évoque un « pouvoir spirituel » et le pouvoir charismatique associé au statut du chef au sujet du Roi de Hawaï.[22] L'étymologie sanskrite évoquée par Bob Putigny rapproche le *mana* du registre de ces croyances.

« Il est possible qu'il (le *mana*) provienne du sanskrit "Man" qui signifie "penser". Chez un être, le *mana* est à la fois l'*émana*tion et la qualité de l'âme. »[23]

Manas en sanskrit signifie l'esprit, racine latine de *mens* et de *mind* en anglais. Dans l'hindouisme, le *Māna* est une unité de mesure du corps et par extension, un « onzième organe » intégré au *karma* et au *jñāna* permettant de créer ce que l'on désire. Le *māna* est une force d'attraction et de manifestation. Le *Mana-u* se rapporte à la conception ou esprit de Dieu, il est associé aux *Lois du Manu* à l'origine des religions indiennes et un des textes les plus anciens au monde. Cette racine de *man*, *mana*, *manu* transmet une vision profonde de l'univers et de la place de l'Être.

Selon Edgar Tetahiotupa[24] qui s'appuie sur le schéma sémantique de Roger Kessing et l'ouvrage de Raymond Firth, le *mana* partage la même racine que *manu*, l'oiseau en tahitien. Que symbolise l'oiseau si ce n'est la connexion au ciel et le divin dans de nombreuses traditions ? L'anthropologue polynésien évoque le rite du *Tangata manu* comme la désignation de l'homme pouvoir par la communauté, symbole d'une organisation sociale

---

[21] Mircea, E. (1969) *La nostalgie des origines*, Paris: Éditions Gallimard (1971), p. 37

[22] Divers travaux citent le journal de James Cook qui a introduit les concepts de tabou et *mana* dans la littérature occidentale. Il évoque un « pouvoir spirituel » selon le site de la Société Cook accessible en ligne : https://www.captaincooksociety.com/home/detail/the-first-king-of-hawaii, consulté le 19 avril 2019.

[23] Putigny, B. (1975) *Le mana ou le pouvoir surnaturel*, Paris: Éditions Avant & Après, réédition 1993.

[24] Entretien datant de janvier 2018 avec référence à l'article « *Mana*-Manu » rédigé par Edgar Tetahiotupa, non publié à ce jour.

autour de cette énergie sacrée régulant les hommes entre eux. Edgar Tetahiotupa aboutit sur la définition du *Dictionnaire Illustré de la Polynésie* qui qualifie le *mana* de « pouvoir surnaturel que possédaient autrefois en Polynésie surtout les grands chefs et *tahu'a*, mais parfois des objets inanimés. »[25] Ce *mana* était transmis de deux manières principales, le sang et l'adoption. La transmission opérée était plus ou moins forte en fonction de l'identité du porteur. Le *mana* d'un roi ou d'un prêtre était considéré plus puissant. Le statut dans la société déterminait ce *mana*, cette protection et ce pouvoir dont peut jouir une personne, un lieu ou un objet.

Ce *mana* s'accumule à l'image du *mana* des jeux vidéo qui exploite pleinement les ressorts « magico-religieux »[26] pour fidéliser à son univers symbolique tout en rattachant à une réalité à laquelle le joueur a besoin de s'accrocher. La racine anglaise de *mana* rapproche de « la manne », la protection divine. « En anglais, *manna* (est) donnée par Dieu pour nourrir les Hébreux dans le désert. »[27] Assimilé au récit biblique de l'Exode, le *mana* régit l'organisation sociale et invisible. Pour Nicolas Meylan, le joueur se voit assimilé au même système de croyances pratiquant un jeu symbolique aux vertus indéniablement magiques et religieuses. Ici, le *mana* resserre autour de lui une religion ancestrale dotée de rites interdits par les missionnaires et les colonisateurs.

---

[25] Merceron, F. (1988) *Dictionnaire Illustré de la Polynésie / Te 'Aratai o Porinetia*, Tahiti: C. Gleizal / Éditions de l'Alizé, p. 24.

[26] Expression employée par Robert Marett, « *Mana* est le terme le mieux adapté pour exprimer la valeur magico-religieuse telle qu'elle se réalise dans et au moyen du rite. (Marett, 1916, 375, 379) », citée par Nicolas Meylan, le caractère magico-religieux extraie le *mana* de toutes formes d'évaluation scientifique, « puisqu'il ne fait que transcrire une expérience vécue non rationnelle. » Meylan, N. (2013) Magie numérique, magie anthropologique, *Les cahiers du numérique, 2013/3, vol. 9*, p. 20, 24.

[27] « Les concepteurs de jeux ayant mobilisé le *mana* l'ont fait parce que leurs jeux, et non les plateformes pour lesquelles ils concevaient, l'exigeaient. En premier lieu, le *mana* en tant que ressource (*i.e.* « points de magie ») permet de contrôler l'usage de la magie dans un laps de temps donné. (…) Le *mana* permet ainsi de rendre cohérent et prédictible l'usage de la magie dans le jeu. » Ibid, p. 32-33.

Le *mana*, signifiant et signifié d'une transmission *taboue*

Pour beaucoup de Tahitiens, le *mana* « d'origine » est associé à la magie noire et aux esprits des morts hantant des lieux. Plusieurs évoquent les sorts, les fantômes malfaisants ou les manifestations de la colère des esprits. Un des exemples les plus connus est le *marae* dont il ne faut pas déplacer les pierres sous peine d'être hantés par les revenants. D'autres évaluent une personne à travers un bain à base de *noni.*[28] Si le bain est noir, la personne porte des stigmates des démons et sa santé est en danger. Simone Grand dresse un tableau complet des pratiques et des croyances dans son ouvrage *Tahu'a, Tohunga, Kahuna : Le monde des soins traditionnels (Culture océanienne)*. Si les savoirs de la tradi-médecine survivent, les croyances autour des esprits sont toujours présentes dans la Polynésie actuelle. Cette magie renvoie à une conception duale du monde. Dans *Esquisse d'une théorie générale de la magie*, Marcel Mauss expose la bipolarité du *mana* en tant magie blanche et magie noire.

« Il est susceptible de se spécialiser : il y a du *mana à rendre riche* et du *mana à tuer*. Les *mana* génériques reçoivent même des déterminations encore plus étroites : aux îles Banks, il y a un *mana* spécial, le *talamatai*, pour certaines façons d'incanter, et un autre pour les maléfices faits sur les traces des individus. »[29]

Sa définition de la magie pose cette double tension entre sacrifice et maléfice instaurant les rites, les croyances, les interdictions, etc. comme des éléments socialement acceptables voire placés au cœur des pratiques sociétales. Si la magie et la religion s'opposeraient dans leur finalité, elles fonctionneraient avec les mêmes caractéristiques.

---

[28] *Morinda citrifolia* ou *nono*, arbuste tropical dont les fruits sont fréquemment utilisés pour leurs vertus médicinales en Polynésie.

[29] Mauss, M., & Hubert, H. (1902-1903) *Esquisse d'une théorie générale de la magie*, *T. 7*, p. 1-146. En ligne sur le site de l'UQAC dans le cadre de la collection « Les classiques des sciences sociales en ligne », http://www.uqac.uquebec.ca/zone30/Classiques_des_sciences_sociales/index.html, document produit en version numérique par Jean-Marie Tremblay, http://misraim3.free.fr/divers/esquisse_d_une_theorie.pdf, consulté le 05 juin 2019, p. 69.

« Ces deux extrêmes forment, pour ainsi dire, les deux pôles de la magie et de la religion : pôle du sacrifice, pôle du maléfice. Les religions se créent toujours une sorte d'idéal vers lequel montent les hymnes, les vœux, les sacrifices et que protègent les interdictions. Ces régions, la magie les évite. Elle tend vers le maléfice, autour duquel se groupent les rites magiques et qui donne toujours les premières lignes de l'image que l'humanité s'est formée de la magie. Entre ces deux pôles, s'étale une masse confuse de faits, dont le caractère spécifique n'est pas immédiatement apparent. »[30]

Dans ce flou se place le *mana*, ce fluide mystérieux et occulte qui serait à l'origine de pouvoirs surnaturels. Il exprime pour Marcel Mauss, « l'existence occulte »[31] accordant à cette énergie sacrée insaisissable, un statut social fort et une plasticité signifiante – celle-là même qui a tant fasciné le monde académique. Selon Magali Bailliot citant les travaux de Georges Dumézil, le *mana* serait équivalent au *numen*, « une forme primitive de la religion romaine alors fondée sur un pouvoir obscur et inexplicable. »[32]

Cette magie noire est aujourd'hui intégrée au panthéon des mythes, du folklore et des superstitions populaires.

« Dès lors, on peut reprendre l'idée de Mauss selon laquelle les faits religieux dépassent les systèmes religieux en partie au moins autonomisés (religion *stricto sensu*) pour englober un ensemble plus vaste dont la magie, la sorcellerie, la divination, l'astrologie, les superstitions et une partie de la culture populaire (folklore) (religion *largo sensu*) font partie. »[33]

Héritier d'un folklore religieux ou magique, le *mana* peut-il être transmis sans nécessairement dénaturer son héritage ? Magie noire, le *mana* porte les caractéristiques de l'identité polynésienne d'antan et cristallise des liens secrets fortement

---

[30] Ibid, p. 13.
[31] Ibid, p. 74.
[32] Bailliot, M. (2010) *Magie et sortilèges dans l'Antiquité romaine : Archéologie des rituels et des images*, Paris: Hermann, p. 13.
[33] Gauthier, F. (2010) Mauss et la religion. L'héritage de Mauss chez Lévi-Strauss et Bataille (et leur dépassement par Mauss), La Découverte, *Revue du Mauss, 2010/2, (n°36),* p. 121.

fédérateurs. Michel Foucault relève la fonction symbolique que la magie opère, elle conserve croyances et pratiques qui rassemblent la communauté.

« L'acte magique lui-même, la réalisation de cette virtualité n'est possible que par le contexte social de croyances et d'affirmation magique, qui se fait le porteur de l'intention magicienne. 'Derrière le magicien et son bâton, il y a l'anxiété du village en quête de sources'. »[34]

L'anthropologue anglais Jeremy MacClancy approfondit le statut des notions du *mana* en tant que facteur cognitif puissant ancrant les caractéristiques des cultures mélanésiennes. Le *mana* forme des relations nominales entre les catégories et sert de métaphore explicite et symbolique du mode de vie des Mélanésiens. Il rappelle combien le *mana* est devenu négatif avec l'introduction de la religion installant des croyances opposées entre la parole de la religion et les pratiques anciennes dont le *mana* serait le symbole. Jeremy MacClancy considère que le pouvoir du *mana* a été exagéré. Le *mana* est devenu nocif à mesure que les nouvelles croyances de la communauté s'ancrent. À force de persuasion, le *mana* change en objet fantasmé, un objet de récits surnaturels lui accordant un statut quasi légendaire. Il est construit dans toute sa panoplie de pouvoir maléfique. Radié des us et coutumes, les pratiques communautaires religieuses pourtant apparentées dans la forme aux anciennes pratiques du *mana* sont seules autorisées. La capacité structurante du *mana* pour organiser la société est perdue au profit du dispositif religieux. Nous considérons que le *mana* devient ici un objet trivial, un mot et une inscription scripturaire qui va peu à peu circuler dans les autres champs de la société et perdre la sacralité de son acception originelle.

Dans le cas de la Polynésie contemporaine, le *mana* est en effet associé à la magie noire, condamné au silence et pourtant, connu de tous. D'un côté, parler de *mana* est un interdit et entraîne des réactions très violentes contre le *mana* devenu contradictoire

---

[34] Foucault, M. (2017) La magie – Le fait social total, *Revue Zilsel*, Éditions du Croquant, *2017/2*, p. 306. Article accessible en ligne : www.cairn.info/revue-zilsel-2017-2-page-305.htm, consulté le 5 août 2019.

avec la pratique religieuse. D'un autre côté, le *mana* est fantasmé comme une pratique sacrée revêtant l'origine même de l'identité *mā'ohi* « d'avant la colonisation. » Ce *mana* est associé à des rituels réservés à une communauté tahitienne spécifique. Ces « gardiens d'un *mana* sacré » s'affirment comme porteurs des traditions et de la culture polynésienne au contraire d'un peuple tahitien devenu religieux, mélangé et multiethnique. Dans cette sphère de la tradition secrète, le *mana* est bel et bien resté une catégorie de pensées identifiées et collectivement partagées.

« La notion de *mana*, comme la notion de sacré, n'est en dernière analyse que l'espèce de catégorie de la pensée collective qui fonde ces jugements, qui impose un classement des choses, sépare les unes, unit les autres, établit des lignes d'influence ou des limites d'isolement. »[35]

Ce « classement des choses » relègue le *mana* à un objet collectif à la fois impossible et interdit à transmettre et à la fois, fondamental et originel. Le *mana* est à ce titre, une force qui n'appartiendrait qu'aux Polynésiens. Cette complémentarité est exposée par Robert Lloancy dans *James Cook et le tabou. Origine d'une notion.* L'auteur place le *mana* et le tabou comme deux notions complémentaires, rappelant que le *tapu*, à l'origine du mot « tabou », signifie le sacré. En deuxième entrée du *Dictionnaire tahitien de l'Académie tahitienne* (*Fare Vana'a*), le *tapu* désigne le sacrifice humain offert à *'Oro*[36] une pratique interdite avec l'arrivée des explorateurs européens puis par les missionnaires et enfin, l'État régalien. En tant que concept fondamental rapporté par James Cook, le *tapu* est devenu le tabou, l'interdit. Pour Robert Lloancy, le *tapu* structure la société et pose les limites nécessaires pour organiser la vie collective.

---

[35] Mauss, M., & Hubert, H. (1902-1903) *Esquisse d'une théorie générale de la magie, T. 7,* p. 1-146. En ligne sur le site de l'UQAC dans le cadre de la collection « Les classiques des sciences sociales en ligne », http://www.uqac.uquebec.ca/zone30/Classiques_des_sciences_sociales/index.html, document produit en version numérique par Jean-Marie Tremblay, http://misraim3.free.fr/divers/esquisse_d_une_theorie.pdf, consulté le 05 juin 2019, p. 74.

[36] *Oro* est considéré comme le dieu de la guerre, le dieu le plus puissant du panthéon tahitien, son culte est moins important dans les autres mythologies polynésiennes.

Chez Sigmund Freud, le tabou interdit l'inceste. Ce *tapu* est bel et bien sacré mais non divin, « le mot tabou est encore appliqué à d'autres limitations rituelles, mais on ne devrait pas considérer comme tabou ce qui peut être rangé plutôt parmi les prohibitions religieuses. »[37]

Le tabou inscrit un certain nombre de limites dont la protection des chefs, des prêtres et des objets chargés de *mana*, il protège « les faibles femmes, enfants, hommes en général, contre le puissant *Mana* (force magique) des prêtres et des chefs. »[38]. En tant que tel, le *mana* est complètement refusé car païen avec la mise en place du Protectorat français qui souhaite gouverner Tahiti. « Les rois/prêtres/magiciens, des *ari'i-tahu'a*[39], affiliés aux dieux créateurs et détenteurs de *mana »*[40] sont dangereux pour le séculier et le régulier. « La rupture totale » est obligatoire avec les deux pouvoirs qui colonisent et convertissent Tahiti. Coupé du divin, le *mana* devient impossible à transmettre si ce n'est réduit à un « classement de choses » et contraint à une trivialité de mot vide car vidé de son sens. Le mot-*mana* ouvre la voie au topisme et à l'utopisme de l'identité tahitienne et des mythes reconstruits de la Nouvelle Cythère.

« Ce mot-*mana*, mot vide, riche et surinvesti renvoie à la religion ou selon François Gauthier, aux enjeux épistémologiques

---

[37] Freud, S. (1912) Totem et tabou. Interprétation par la psychanalyse de la vie sociale des peuples primitifs. *Totem und Tabu: Einige Übereinstimmungen im Seelenleben der Wilden und der Neurotiker,* Vienne: Hugo Heller & Cie., traduit de l'allemand avec l'autorisation de l'auteur en 1923 par le DR. S. Jankélévitch, Paris : Payot. En ligne sur le site de l'UQAC dans le cadre de la collection « Les classiques des sciences sociales en ligne », http://www.uqac.uquebec.ca/zone30/Classiques_des_sciences_sociales/index. html, document produit en version numérique par Jean-Marie Tremblay, https://www.anthropomada.com/bibliotheque/Sigmund-FREUD.pdf, consulté le 5 août 2019.

[38] Ibid, p. 21-22.

[39] Gauthier, F. (2010) Mauss et la religion. L'héritage de Mauss chez Lévi-Strauss et Bataille (et leur dépassement par Mauss), La Découverte, *Revue du Mauss, 2010/2, n°36*, p. 113.

[40] Perez, C. (2008) Christianisation, phénomènes de cumul et de rejet du « sacré missionnaire » en Polynésie orientale au moment de la rencontre, *Histoire et missions chrétiennes, 2008/2, n°6.*

soulevés par les travaux de Marcel Mauss autour de « la topique et de l'énergétique. »[41]

Le *mana*, topique et utopique tahitien

Topisme, lieu consacré du *topos* et rattaché à topique, lieu protégé par un Dieu dans l'Antiquité, désigne cet espace linguistique chargé de lieux communs. Chez Aristote, les topiques permettent d'exercer la rhétorique et la logique du raisonnement où se différencient la définition et la dénomination commune. Pour François Gauthier, cette association recoupe l'herméneutique de Paul Ricoeur plaçant le potentiel inconscient et l'enjeu symbolique dissimulé par le « topique » et « l'énergétique. » Ces deux termes posent l'enjeu d'un *mana* sacré. Le « topique » et « l'énergétique » établissent des catégories, des formes inconscientes et une force symbolique que l'œuvre de Marcel Mauss replace à travers son essai sur le don. L'auteur reprend Camille Tarot qui identifie trois systèmes de don qui seraient présents dans tous les grands systèmes du religieux. En premier lieu, la circulation verticale entre l'autre-monde et notre monde ; puis, la hiérarchie du don par l'horizontalité instituant une classe dominante ; et enfin, un système longitudinal par la transmission aux descendants.[42] Ces trois systèmes se retrouvent dans l'organisation de la société polynésienne ancestrale où le *mana* se place au centre des enjeux de la transmission du/des pouvoirs.

Notre étude souligne combien le topique du *mana* révèle une définition floue, surinvestie et surinterprétée par les regards des explorateurs et scientifiques occidentaux. La dénomination commune souligne un *mana* riche de cette étendue de propos. En y cherchant bien et notamment sur les moteurs de recherche actuels, le *mana* est à la fois un *token*, monnaie virtuelle très

---

[41] Gauthier, F. (2010) Mauss et la religion. L'héritage de Mauss chez Lévi-Strauss et Bataille (et leur dépassement par Mauss), La Découverte, *Revue du Mauss, 2010/2, n°36*, p. 112.

[42] Gauthier, F. (2010) Mauss et la religion. L'héritage de Mauss chez Lévi-Strauss et Bataille (et leur dépassement par Mauss), La Découverte, *Revue du Mauss, 2010/2, n°36*, p. 121-122.

populaire ; un nom pour des villes et des rivières ; un groupe de rock mexicain… Bref, ce mot s'illustre par son éclectisme sémantique. Serti à Tahiti, le *mana* se réfère à un impalpable souvenir douloureux et secret. Il fait figure de dernier bastion non investi par les systèmes culturels occidentaux. Le *mana* est « en chaque Tahitien. » Une réalité exploitée par l'Office du Tourisme en 2016 à des fins marketing.

« Le *mana*, c'est cette énergie vitale, cette force spirituelle qui nous entoure. Vous pouvez le voir, l'entendre, le toucher et le goûter. Attardez-vous encore et là, vous sentirez s'élever son parfum envoûtant. Il n'est aucune autre destination en ce monde où le *mana* est aussi présent, aussi accessible, autant ressenti, autant honoré qu'ici même. »[43]

En lançant cette nouvelle campagne touristique centrée sur le slogan « Tahiti, les îles du *mana* », Tahiti Tourisme[44] définit le *mana* comme une « énergie vitale » et « force spirituelle ». Il décline le *mana* autour des cinq sens. Pourtant facile à exploiter pour les opérateurs du secteur, une faible réappropriation du *mana* dans les produits et les expériences touristiques est constatée quatre ans après. Utilisés par quelques jeunes prestataires touristiques, l'affichage du *mana* comme argument touristique suscite des réactions négatives qui renvoient à l'interdit religieux et l'effacement culturel mené du XVIIe au XXe siècles. Une enquête menée auprès de plus de 200 personnes[45] révèle craintes, moqueries et refus de cette approche de communication. Le flou sémantique instauré par l'héritage académique et religieux cristallise à la fois angoisses et fierté. Pour certains interrogés, cette campagne pourrait « attirer le mauvais œil » et suppose d'être prudents. Plusieurs ont déclaré

---

[43] Tahiti Tourisme (2016) « Les îles du *Mana* », spot publicitaire vidéo, durée 2'51, publié sur YouTube le 21/01/2016 : https://www.youtube.com/watch?v=VlahMILZeI0, consulté le 4 juin 2019.

[44] Équivalent de l'Office du Tourisme. Le GIE Tourisme a changé son nom en 2005 par GIE Tahiti Tourisme puis est devenu Tahiti Tourisme en mai 2017.

[45] Enquête menée entre janvier 2017 et septembre 2018 mobilisant deux méthodes : les enquêtes semi-qualitatives en ligne et des entretiens qualitatifs. Une partie de cette enquête a été publiée au cours de l'événement « Les 100 voix du *mana* » du 22 novembre 2019 créé et organisé par les étudiants de Licence Sciences Information et Communication de l'ISEPP-UCO Pacifique.

qu'il fallait arrêter d'utiliser ce mot conférant au *mana* le statut de « celui-dont-on-ne-doit-pas-prononcer-le-nom. »

Plus profondément, la résurrection marketing du *mana* réédite le mythe du bon sauvage accompagné d'une vision éthérique d'un *mana* assimilé à un paganisme primaire qu'auraient pratiqué les anciens Polynésiens. Plus important encore, la campagne de Tahiti Tourisme renferme le *mana* à une série de topismes résumant l'imaginaire stéréotypé de Tahiti. La première campagne « Les îles du *Mana* » centre le message sur la rencontre avec le « Polynésien » et la nature carte postale est dépeinte par les deux images d'Épinal du lagon et de la cascade. Elle oppose des valeurs simples « grand / petit », « le jour / la nuit », « la chaleur / la fraîcheur » ou plus symboliquement « disparaître / explorer » rappelant Robinson Crusoé ou « donner / recevoir » qui réfère au don et contre-don de Marcel Mauss. La campagne « *Take me to Tahiti* » institue parfaitement un rapport de force symbolique entre le *mana* détenu par les Polynésiens que viennent expérimenter des couples de touristes anglais, américains et brésiliens. Le couple américain revit le mythe du mariage polynésien, le couple brésilien s'initie à la danse, le couple anglais partage avec ses enfants, des instants de bonheur à Raiatea. La campagne replace le mythe polynésien tel qu'il est attendu et perçu par l'étranger, dans une marque de « l'utopie du quotidien »[46] accessible et monnayable.

Le mythe de Tahiti est associé au mythe du bonheur, mythe universel présent dans toutes les traditions culturelles. Il a été construit par les premiers explorateurs dont les récits dressent un tableau idyllique des îles polynésiennes à l'exception des journaux de bord du Boenechea (1775). Le plus remarquable récit français vient de Bougainville pour qui les femmes tahitiennes sont comparables à des déesses.

« Les pirogues étaient remplies de femmes qui ne le cèdent pas, pour l'agrément de la figure, au plus grand nombre des

---

[46] Sheringham, M. (2013) *Traversées du quotidien*, résumé du Chapitre 4. Barthes et le quotidien : « Ce qui tombe comme une feuille sur le tapis de la vie », p. 177-218 en référence à Barthes, R. (1971) *Sade, Fourier, Loyola*, Paris : Éditions du Seuil, p. 23.

Européennes et qui, pour la beauté du corps, pourraient le disputer à toutes avec avantage. La plupart de ces nymphes étaient nues, car les hommes et les vieilles qui les accompagnaient leur avaient ôté le pagne dont ordinairement elles s'enveloppent. »[47]

Cette iconographie est prolongée par Paul Gauguin, figure légendaire dont l'imaginaire investit nombre d'objets culturels que ce soit la reproduction de masse de cartes postales de ses œuvres ou les multiples adaptations cinématographiques de son œuvre dont le dernier film où Gauguin est joué par Vincent Cassel (2017). Dans ses peintures, l'artiste souligne la liberté des mœurs sexuelles des Tahitiens et s'autorise à la pédophilie et la transmission de la syphilis sans *tapu*, sans *mana*. La mobilisation de bataillons américains pendant la Seconde Guerre mondiale perpétue l'imaginaire du paradis perdu, lui-même continué par différents films sur la Polynésie. Le produit culturel symbolique de cette intertextualité iconique est *Les Révoltés de la Bounty* à la fois livre, films, musée ou spectacle. Sous les traits de Marlon Brando (1962) ou de Mel Gibson (1984), la continuité du mythe est assurée de générations en générations. Le duo plages blanches et eaux turquoise confrontent des stéréotypes genrés devenus porteurs d'un *mana* culturel folklorisé. Les Tahitiennes faciles à conquérir sont des *vahine* sensuelles qui dansent face aux fiers guerriers, surfeurs chevronnés et *Aito* en *va'a*[48]… Tahiti signe un topisme d'un paradis immaculé où vivent des humains aux corps magnifiques, aux mœurs libres… et aux dieux autorisant les sacrifices humains.

Danses, lagons, cascades, contacts avec la population réputée généreuse et accueillante… Les vidéos, la stratégie digitale et les affichages publicitaires de Tahiti Tourisme renforcent les images déjà connues de la Polynésie française. Les stéréotypes sont identiques, seule la promesse change. Au lieu du mythe de la *vahine* le long d'un lagon aux eaux turquoise paradisiaques, les

---

[47] Louis-Antoine de Bougainville, 1766-1769, Voyage autour du monde par la frégate du Roi *La Boudeuse* et *La flûte l'étoile ;* en 1766, 1767, 1768 & 1769, Paris: Saillant & Nyon, Deuxième jour à Tahiti.

[48] « Vahine » signifie femme, « aito » désigne le guerrier et tire son nom d'un arbre (filao) ; « va'a » qualifie la pirogue polynésienne.

îles du *mana* valorisent la diversité des îles et la culture polynésienne. Cette promesse détourne de la seule île de Bora Bora, mythique et rêvée. Les raisons sont concrètes et nécessaires.

La légendaire île de Bora Bora affiche régulièrement complet et propose un tourisme de luxe concurrencé par d'autres îles moins onéreuses (Seychelles, Maurice, Hawaï, etc.). L'environnement menacé et abîmé oblige à déporter l'attention sur l'humain. La culture polynésienne étant forte, la communication de Tahiti Tourisme s'offre le topique et l'énergétique du *mana*. Le topique en tant que lieu rêvé et surinvesti par les Occidentaux bercés par les disputes scientifiques des penseurs des sciences sociales. L'énergétique par la puissance que cette campagne opère au niveau cognitif et symbolique. En choisissant « énergie vitale » et « force spirituelle », l'Office rallie avec lui le *mana* d'origine, le *mana* du primaire non colonisé et le *mana* magique des jeux vidéo. Il capitalise sur l'attirail lexical d'un *mana* investi par la culture contemporaine.

Dans un ouvrage dédié au « nouveau *mana* », Matt Tomlinson et Ty P. Kāwika Tengan[49] soulignent la proéminence anthropologique du *mana* dans la trivialité contemporaine rapportant le *mana* à une culture à part entière. Nom de partis politiques hawaïens ou néo-zélandais ; marque de rasoirs ; ingrédient inédit du porc en boîte de conserve ; cartes oracles ; titres de magazine de sport ; revue anthropologique ou refrain de chanson… Le *mana* mobilise une esthétique hybride entre spiritualité et science signalant le caractère identitaire d'un mot-concept désignant un mot-société. Le *mana* contemporain est fondamentalement culturel. Utilisé dans les outils de communication hawaïen, néo-zélandais ou polynésien, le *mana* institue la force de l'imaginaire mythique du Triangle *māori*.

Héritier de ce *mana*-culture, tout le dispositif discursif est posé pour garantir la promesse faite par l'Office du Tourisme sans pour autant bousculer les offres du secteur. Le *mana* se trouve

---

[49] Tomlinson, M., & Kāwika Tengan, T. P. (2016) New Mana: Transformations of a Classic Concept in Pacific Languages and Cultures, *Série: Monographs in Anthropology*, Canberra: ANU Press.

intégré au folklore culturel des danses, des plats tahitiens et des plages de sable blanc. La rencontre avec « le Polynésien » complète le tableau. À l'époque où les chefs comme Hongi Haka venaient au Roi George IV, ce sont désormais les touristes qui viennent à la rencontre des nouveaux rois[50], dépouillés de leur religion originelle mais porteur d'un renouveau identitaire dont Bruno Saura interroge le concept même de *mā'ohi*.[51] Cerclé dans cette projection que l'étranger se fait de lui-même, le *mana* transmis aux touristes est nécessairement dénaturé. L'échec de la transmission du *mana* religieux aboutit à l'échec de l'identité même, du système communautaire dans son effet totalitaire pour être regroupé dans un déroulé suggestif des imaginaires stéréotypés de la culture polynésienne perçue par l'Occidental. Cette réalité construite et triviale est le fruit de médiations sémantiques et linguistiques qui renforcent le vide du mot-*mana*.

Le *mana*-culture réduit l'essence même de tout ce qu'aurait encore pu représenter le *mana* pour les Polynésiens pour présenter ce que la culture mondialisée en perçoit. Un enjeu révélé par une discussion datant d'août 2019 sur la page Facebook Hawaikans[52], une communauté comptabilisant plus de 6500 *like*. Dans un post, l'administrateur interroge ses lecteurs sur ce que signifie le *mana* pour eux. La question reçoit plus d'une centaine de commentaires. Au cœur des débats, la définition du *mana* qui oppose ceux qui évoquent le pouvoir à ceux qui préfèrent le caractère sacré du mot. Pour cette catégorie, plusieurs des commentaires évoquent une « source divine. » Ce second lexique mobilise un champ sémantique proche du développement personnel. Certains évoquent « l'estime de soi », « sa force », « être soi », etc. D'autres réponses valorisent les

---

[50] À Tahiti, la revendication d'être roi est constante. Parler de sa lignée, de ses terres, de son origine est quasi obsessionnelle car en étant roi, le *mana* vient de sa naissance et ne peut être discuté.

[51] Saura, B. (2009) *Tahiti Ma'ohi - Culture, identité, religion et nationalisme en Polynésie française*, Papeete: Au vent des îles.

[52] Hawaikians, ceux qui viennent de Hawaiki. Hawaiki est une île mythique où se trouverait les origines du peuple polynésien. Discussion sur Facebook publiée le 16 septembre et consultée à plusieurs reprises entre le 17 septembre et le 25 septembre 2019 :
https://www.facebook.com/Hawaikians/posts/397060220888187

valeurs du peuple polynésien, celles qui appartiennent aux « Hawaikans » au contraire de celles importées par le colonisateur. Pour autant, le vocabulaire mobilise des références importées comme « *may the force be with you* » (Star Wars)[53], le « karma » ou un gif animé d'un manga japonais. Le mot-*mana* dessine une médiation immédiate populaire et popularisée d'une identité propre au Triangle *māori* sans pour autant se dégager du référentiel qui l'a reconstruit.

Cette hyper-médiation traduit ce que Regis Debray analyse dans son article sur les *Quatre M.* L'auteur instaure le caractère fondamentalement religieux des mass-médias, ces nouveaux organes de transmission que le singulier latin, *médium* incarne aux yeux des perceptions populaires. Regis Debray dépasse la matérialité simple du concept, réduite par le « médium est le message »[54] pour investir la capacité à véhiculer une pensée, un message, un milieu. Dans le spectre de l'attirail de communication sur le *mana*, l'outillage symbolique facilite la capacité des mass-médias à être des « presse-boutons » et une « fascinante magie. »[55] Le *mana* se trouve d'emblée réduit à une transmission folklorisée. Seule sa capacité de médiation, symbolique et territoriale, pourrait encore servir à Tahiti, la Polynésie et l'unité culturelle du Triangle *māori*.

Derrière l'effort marketing ne se tisserait-il pas l'intention de rattacher le *mana* polynésien aux multiples définitions, médiations et réappropriations qui existent par le monde ? La trivialité du *mana* publicisé, discuté et redéfini fait émerger une exigence fondamentale de transmission autour du partage des connaissances polynésiennes. « Ô Otaïtiens, ô mes amis », est-il encore temps de refuser le conseil au chevet d'un *mana* redéfini par l'effacement culturel ou est-il possible d'entrevoir un renouveau du *mana*-médium, *mana*-transmission ? Ne serait-il pas temps de dépasser tabou et topique pour instaurer une transmission renouvelée de l'identité polynésienne ?

---

[53] Phrase célèbre traduite par « Que la force soit avec toi. »

[54] Debray fait référence aux travaux de Marshall McLuhan.

[55] Debray, R. (1998) Histoire des Quatre M, *Les cahiers de médiologie, 1998/2, n°6*, p. 21.

Cet article a cherché à décrypter le flou sémantique autour d'une notion largement investie par les champs des sciences sociales. En revenant sur l'approche sacrée du *mana* qui apparaît comme un mot désignant un système historique structurant la société polynésienne d'avant la colonisation et l'évangélisation, nous avons cherché à détacher le *mana* des concepts d'autorité, de pouvoir maléfique et des croyances reconstruites d'un *mana* synonyme de puissance et mauvais œil. En revisitant la trivialité du *mana*, objet anthropologique, social, culturel ou encore économique, nous avons montré une circulation d'un mot devenu symbole d'une culture qui cherche à s'affirmer ou à défaut, s'afficher. En tant que tel, nous posons que le *mana* est devenu un mythe de transmission pour la société polynésienne de Tahiti renfermant l'imaginaire d'un savoir sacré réservé ou au contraire, d'un tabou interdit et maléfique. L'objet même de *mana* s'institue comme une pratique communicationnelle aboutie au point de faire du mot, un *médium*.

Le *mana*-médium, mot que nous instituons, désigne l'appareil même de transmission que le mot revêt aujourd'hui. Le *mana*-médium détient toutes les facultés de transmission du message que Regis Debray décrit. Le *mana*-médium est un « procédé général de symbolisation (…) ; un code social de communication (…) ; un support matériel d'inscription et de stockage (…) ; et un dispositif d'enregistrement et de diffusion. »[56] Nous ajoutons qu'il est devenu un corps. Le *mana* est associé à un être en charge de sa transmission symbolisée par le *tupuna*, celui qui porte les mémoires de la société. En tant que tel, le *mana*-médium appelle à un renouveau d'un *mana*-transmission à la fois *corps*, les personnes pouvant réécrire le sacré structurant de la conception polynésienne du monde ; et à la fois *contenu*, une transmission à distance du mot-*mana* vidé de son sens à la faveur d'une transmission hybride et renouvelée de l'identité polynésienne contemporaine. Nous envisageons cette piste comme une réflexion sur l'iconographie discursive répétée de la perte des cultures opposée à celle du discours d'une renaissance culturelle

[56] Debray, R. Histoire des Quatre M, *Les cahiers de médiologie*, *1998/2, n°6*, p. 13.

portée par les jeunes générations polynésiennes marquées du sceau de la honte et de l'égarement culturel.

Bibliographie

BARTHES, R. (1975) *Roland Barthes par Roland Barthes*, Paris: Seuil, Collection » Écrivains de toujours »

BENOIT, D., BERTHELOT-GUIET, K., MARCON, C. (2013) La marque : objet communicationnel, *Communication et management, 2013/1, Vol. 10.*

BERT, J.-F. (2012) Par quoi se définit une religion « élémentaire » ? Notes sur le séminaire de Marcel Mauss à l'EPHE (1922-1923), *Archives de sciences sociales des religions, 159*, juillet-septembre 2012.

CAILLE, A. (2017) Du religieux. Esquisse d'une grammaire en clé de don, *Revue du Mauss, 2017/1, n°49*, p. 185-217.

CORDINGTON, R. H. (1891) *The Melanesians: studies in their anthropology and folklore*, Oxford: The Clarendon Press,

DANBLON, E., FERRY, V., MACAGNO, F., MEYER, M., PAGLIERI, F., RUBINELLI, S., TINDALE, C.W., WALTON, D. (2014) Les Topiques d'Aristote, *Revue internationale de Philosophie, 270 (4).*

DEBRAY, R. (2002) Le Passage à l'infini, *Les cahiers de médiologie, 2002/1, n°13*, p. 3-13.

(1998) Histoire des Quatre M, *Les cahiers de médiologie, 1998/2, n°6,* p. 7-25.

FIRTH, R. (1940) "The analysis of *mana*: an empirical approach", *The Journal of the Polynesian Society, Vol. 49, No 4 (196),* p. 483-510.

FREUD, S. (1912) *Totem und Tabu: Einige Übereinstimmungen im Seelenleben der Wilden und der Neurotiker,* Vienne: Hugo Heller & Cie., traduit de l'allemand avec l'autorisation de l'auteur en 1923 par le DR. S. Jankélévitch, Paris : Payot.

GAUTHIER, F. (2010) Mauss et la religion. L'héritage de Mauss chez Lévi-Strauss et Bataille (et leur dépassement par Mauss), La Découverte, *Revue du Mauss, 2010/2, n°36*, p. 111–123.

GRAND, S. (2007) *Tahu'a, Tohunga, Kahuna. Le monde polynésien des soins traditionnels*. Papeete: Au vent des îles.

HERMANN, A. (2013) *Les industries lithiques pré-européennes de Polynésie centrale : savoir-faire et dynamiques techno-économiques,* Thèse en Anthropologie biologique, Ethnologie et Préhistoire soutenue le 12 décembre 2013, Université de la Polynésie française,

JEANNERET, Y. (2014) *Critique de la trivialité*. Paris : Edition Non-Standard.

(2008) Penser la trivialité. Tome 1 : La vie triviale des êtres culturels, Paris: Broché.

JOUVE, V. (2016) Réflexion et métaphore chez Roland Barthes, *Carnets* [En ligne], *Deuxième série – 6.*

KAPEFERER, J.-N. (2011) France : Pourquoi penser marque ? *Revue française de gestion, 2011/9-10 (n°218-219),* p. 13–23.

KECK, F. (2002) « Les théories de la magie dans les traditions anthropologiques anglaise et française », *L'esprit / Mind / Geist, n°2.*

KEESING, R. (1984) Rethinking Mana, *Journal of Anthropological Research, vol. 46*, p. 137-156.

LEVI-STRAUSS, C. (1989) *Des symboles et leurs doubles, Paris*: Plon.

(1949) Introduction à l'œuvre de Marcel Mauss, in *Mauss, M. Sociologie et anthropologie*

LLOANCY, R. (2015) *James Cook et le tabou. Origine d'une notion.* Paris: L'Harmattan.

MACCLANCY, J. (1986) "*Mana*: An Anthropological Metaphor for Island Melanesia", *Oceania, Vol. 57, n°2*, pp. 142-153.

MARETT R. (1916). *Mana. Encyclopædia of Religion and Ethics.* Edinburgh: T. & T. Clark, p. 375-380.

MARTELLI, S. (1996) *Mana* ou sacré ? La contribution de Marcel Mauss à la fondation de la sociologie religieuse dans *Revue européenne des sciences sociales, T. 34, No. 105*, Mauss : hier et aujourd'hui : XIIe colloque annuel de Groupe d'Étude « Pratiques sociales et Théories », pp. 51-66.

MAUSS, M. (1902-1903) *Esquisse d'une théorie générale de la magie,* Les classiques des sciences sociales en ligne, Université du Québec.

MEYLAN, N. (2017) *Mana.* À History of a Western Category, Pays-Bas: Brill.

(2013) Magie numérique, magie anthropologique. Le *mana* dans la construction de l'efficacité rituelle, *Les Cahiers du numérique, 2013/3, vol. 9*, pp. 15-40.

MIRCEA, E. (1969) *La nostalgie des origines*, Paris: Éditions Gallimard (1971).

QUET, M. (2014) Les sens du pouvoir. Une approche sémiologique des sciences sociales critiques, *Revue du Mauss, 2014/2 (N°44),* p. 309-341.

PEREZ, C. (2008) Christianisation, phénomènes de cumul et de rejet du « sacré missionnaire » en Polynésie orientale au moment de la rencontre, *Histoire et missions chrétiennes, 2008/2, n°6.*

PUTIGNY, B. (1975) *Le mana ou le pouvoir surnaturel,* Paris : Éditions Avant & Après, réédition 1993.

RICHARD, A. (2017) *Le Païen,* Papeete: Au vent des îles.

SAURA, B. (2016) Les contradictions de la tradition orale, *Faa'a Feuri, Cycle de conférences à la mairie de Faa'a.*

SAURA, B. (2009) *Tahiti Ma'ohi - Culture, identité, religion et nationalisme en Polynésie française*, Papeete: Au vent des îles.

Les concepts culturels à l'heure de la mondialisation

Les valeurs polynésiennes sont-elles d'un intérêt majeur en milieu scolaire aujourd'hui ?

Par Edgar Tetahiotupa

Anthropologue au Centre des Nouvelles Études sur le Pacifique, Université de la Nouvelle-Calédonie

En quoi la culture polynésienne, et les concepts qu'elle véhicule, peut-elle nous aider à être nous-mêmes aujourd'hui au XXIe siècle ? Par l'expression "nous-mêmes", nous entendons une personne parfaitement intégrée dans la société moderne, capable de tracer son avenir en faisant des choix libres et conscients. La réponse n'est pas aisée ; elle n'est pas, non plus, toute trouvée. Cependant, aborder la culture, c'est inévitablement traiter de la question de la langue, ici, des langues polynésiennes. Car la culture s'exprime avant tout à travers la langue et, avec celle-ci, les concepts qu'elle véhicule.

Pour ce faire, nous nous appuierons sur le film documentaire-fiction[1] *Tuhei* qui propose aux enseignants de Polynésie française d'adopter une démarche leur permettant d'explorer une autre manière d'aborder la culture polynésienne. C'est une invitation

[1] Par documentaire-fiction, il faut comprendre que l'histoire du film est imaginée, mais qu'elle repose sur des concepts polynésiens.

aux voyages à travers les mots, à travers leurs significations et leurs concepts, et donc, incidemment, d'emmener ces personnes à prendre conscience de la valeur des mots et de l'importance des langues polynésiennes.

En effet, ce film destiné, avant tout, à la formation des enseignants du premier et second degrés vient en complément des dispositifs mis en place pour l'enseignement des langues polynésiennes. Malgré les efforts continus menés, depuis longtemps, par l'Éducation nationale, les enseignants, pour un grand nombre, peinent encore à enseigner les langues polynésiennes au quotidien.[2]

Ce film, d'une durée de 58 minutes, a été produit par la Direction générale de l'éducation et des enseignements, conçu par le pôle Langues et culture polynésiennes et réalisé par le pôle Production.

Tuhei, un lien

Tū signifie debout. La verticalité indique un lien avec le ciel (l'esprit des anciens, les dieux), la terre (nous, êtres humains) et les profondeurs terrestres (le *pō*, l'esprit des anciens, les dieux). *Hei*, c'est le lien qui unit les gens entre eux, les îles entre elles, les archipels entre eux et nous avec nos ancêtres.

Par ailleurs, *tū* ou *tià* en tahitien se réfère à la notion d'équilibre, d'entente, « *Ua tū tō māua manaò* - nous nous sommes bien entendus, nous sommes d'accord ». On trouve cette même notion en marquisien avec *hei*. C'est dire que l'idée de transmission passe, inévitablement, par une acceptation mutuelle l'un de l'autre. C'est à ce prix que l'être humain pourra exploiter au mieux ses possibilités en interagissant avec l'autre, maintenant, autant que faire se peut, un équilibre savamment dosé entre les différents partenaires.

---

[2] Cela s'explique, essentiellement, par une éducation qui avait mis en avant la conviction qu'une réussite scolaire passait inévitablement par l'apprentissage du français, interdisant, du coup, l'utilisation des langues polynésiennes à l'école.

L'approche des concepts par l'explication des mots est devenue une évidence dès le départ. Cependant, cette explication, pour importante qu'elle soit, ne doit pas l'être par trop scolastique. En effet, elle aurait rebuté plus d'un, du fait des nombreux mots à expliquer d'une part et de la durée du film d'autre part. L'évocation poétique, en revanche, avec la sonorité des mots, la manière de les dire, les images qu'ils évoquent offrent un accès plus facile, moins rebutant, au contenu du film.

Point de départ de l'histoire

L'héroïne principale porte le nom de *Hina* (*Hina* déesse de la nuit, de la lune...). Un soir durant son sommeil, un de ses lointains ancêtres, en l'occurrence *Tuna* (appelé aussi *Puhi*), lui rend visite et lui délivre un message sur les valeurs des concepts polynésiens. « *Tei te tāatoà te tāatoà* » (Tout est dans tout) en est le socle. Cette formule lancinante reviendra plusieurs fois dans le film, avec une régularité qui ferait penser à la régularité du temps qui passe et qui revient.

Tuna ou *Puhi*, c'est la légende du cocotier, la voici dans sa version écourtée.

Une anguille[3] nommée *Puhi* est promise à une belle jeune fille appelée *Hina*. Celle-ci ne se doutait pas de l'aspect de son futur époux. L'ayant vu, *Hina* refusa de le prendre pour époux, mais *Puhi* ne l'entendait pas de cette oreille. *Hina* s'enfuit et trouva refuge auprès de *Maui*. *Puhi* s'aperçut de la fuite de *Hina*, il la poursuivit. *Maui*, décidé à défendre *Hina*, attendit *Puhi*. Il réussit à le tuer. Il lui trancha la tête et la remit à *Hina* en lui recommandant de ne pas la laisser par terre. Sur le chemin du retour, *Hina* voulut se désaltérer et se rafraîchir, alors elle posa la tête par terre, oubliant la consigne de *Maui*. C'est ainsi qu'elle s'en alla de rivière en rivière, jusqu'au moment où elle se souvint du paquet. Elle revint sur ses pas et découvrit, à la place du paquet, un arbre étrange, effilé, sans branches avec, au bout, des

[3] Pour une version plus longue et sa variante, le lecteur pourra se référer à *Tahiti aux temps anciens* de Teuira Henry (pp. 624-629). Toutefois, dans ce même livre, la légende intitulée "Le cocotier", ne raconte pas la même histoire.

feuilles en panache et des fruits. C'est la première fois qu'elle voyait un arbre de ce genre. Ce fut le premier cocotier. Elle cueillit un fruit, but l'eau et la trouva très bonne. Elle cassa la noix et mangea l'amande qu'elle trouva délicieuse.

Le film

Au début, une maison dans la nuit, une brise qui souffle (on voit les feuilles bouger), des cris de grillons, appelés *peretaì* en tahitien. Le décor est planté, la brise ainsi que le chant des grillons symbolisent la présence des esprits.

Soudain le rideau se soulève laissant entrer la brise, l'esprit de l'ancêtre. Celui-ci prend possession du sommeil de *Hina*. Dans son lit, *Hina* s'en trouve un peu agitée.

Comme venue des profondeurs du temps, ce message lancinant : « *Tei te taatoà te taatoà* » (Tout est dans tout), répété deux fois comme pour marquer son importance.

Puis le message de l'ancêtre[4] :

E te tama no te tau âpī	Enfant des temps modernes
Te tau o te māramarama	Temps de la lumière
À faaroo mai na	Écoute !
A vetea na i te àau	Ouvre ton âme !
Te puhi o te haari ia !	L'anguille, c'est le cocotier !
Te haari o Tuna ia !	Le cocotier est aussi *Tuna* !
Tuna o Niu ia !	*Tuna* est aussi *Niu* !
Niu o te pāraoa ia !	*Niu* est aussi le cachalot !
Te pāraoa o te fenua ia !	Le cachalot, c'est aussi la terre !
Te fenua o te pahī ia !	La terre est aussi le navire !

[4] Les textes sont en tahitien avec un sous-titrage en français.

Te pahī o te tupuna ia !	Le navire, c'est l'ancêtre !
Te tupuna o te marae ia !	L'ancêtre est le *marae* !
Te marae o te vaa ôfaì ia !	Le *marae* est la pirogue de pierres[5] !
Te vaa ôfaì o Tūhei ia !	La pirogue de pierres est *Tūhei* !
Tūhei o Hono ia !	*Tūhei* est aussi Hono !

Ce que nous retenons des propos de *Tuna* est que l'anguille est le cocotier, que le cocotier est *Tuna*, etc. C'est ce que nous rapporte la légende : *Tuna* est le prince, il est l'anguille, il est le cocotier, c'est donc que l'anguille, le prince (l'être humain) et l'arbre ne font qu'UN.

Pour bien comprendre cela, prenons le cas d'un père de famille. Il peut être directeur d'un établissement, musicien à ses heures, membre d'une équipe de football, et pourtant c'est la même personne vue à travers ses différentes activités, ses différentes responsabilités.

Dans le cas qui nous intéresse, nous avons différents aspects d'un même être, d'une même entité, d'un même esprit, vus à travers des manifestations diverses, appréhendés à travers des regards différents, des perceptions particulières.

Ainsi au début du film sont énumérés les différents concepts qui vont être traités : l'anguille, le cocotier, *tuna*, *niu*, le cachalot, la terre, le navire, l'ancêtre, le *marae*[6], la pirogue de pierres et *havaiki*[7].

---

[5] Habituellement "pierre" ne prend pas de "s", nous l'avons ajouté parce que le *marae* est composé de différentes matières : basaltique et corallienne, de différents aspects : lisses, poreuses, etc.

[6] « Plateforme construite en pierre sèches, où se déroulait le culte ancien associé souvent à des cérémonies à caractère social ou politique. » (Académie tahitienne, 1999, p. 251.)

[7] *Havaiki* ou *pō*, considéré comme le lieu d'origine des ancêtres polynésiens.

Présentation de Tuna

Ua nui maitaì	Nombreux sont les bienfaits
Ua rau faufaa	Variées sont les richesses
Ta ù i pūpū aroha atu	Dont je t'en ai fait don
Na òe e te Taata e	À toi, Homme
Ua māha hoì ia ù uto	Ma chair a apaisé
I to poìa i te tau oè	Ta faim en période de disette
Ua māha hoì ia ù pape	Mon eau a apaisé
I to poìhā i te tau paùrā	Ta soif en période de sécheresse
Ua pāruru hoì ia ù rauère	Mes feuilles ont protégé
I to upoo i te tōahu	Ta tête de la chaleur accablante
Ua pāruru hoì ia ù aa	Mes racines ont protégé
I to tino i te maì	Ton corps de la maladie
Inaha, o Vau te Niu	Car, Je suis *Niu*, le cocotier
Te niu o te ora	Le fondement de la vie
O vau te Tumu	Je suis l'origine, la fondation, la source
Te tumu o te ora	L'arbre de vie
I tahito rā !	Autrefois !

Cette partie montre à quel point le cocotier est un élément important, vital dans la vie du Polynésien. De nombreux usages peuvent être produits à partir de ses différents éléments : dans l'alimentation, dans la construction d'une maison, d'une pirogue, dans la vannerie, dans la médication, etc. C'est l'arbre de vie.

Les dérives de la société moderne

Ē, oia mau	Oui, véritablement
Ua tapihoo òe	Tu m'as vendu
Ua tapihaa òe ia ù	Tu m'as spéculé
Tapihoo, tapihaa	Vendu, spéculé
Tapitapi, tapitapi	
Mai te tahi mea noa	En un objet vulgaire
A moè noa ai ia òe i to ù moà	Oubliant ma sacralité
A moè noa ai ia òe i to ù iho	Oubliant mon identité
Inaha	Car,
Ua faariro noa òe ia ù	Tu m'as simplement transformé
Ei moihaa varua òre.	En un objet sans âme.

Cette partie dénonce l'aspect purement mercantile de la société moderne, loin des valeurs de partage et de gestion raisonnée de la nature, de l'environnement, de la terre. La transformation du coco en huile n'est ici qu'un prétexte[8], car la société dans laquelle nous vivons est une société de consommation et de gaspillage[9].

Aux temps anciens, les biens étaient remis au chef qui en assurait une distribution équitable au sein de la population. Par ailleurs, les échanges de biens créaient une solidarité entre les différents

---

[8] Bien évidemment, l'exploitation du coco comme source financière est nécessaire à la subsistance des familles qui vivent dans les îles éloignées. Il n'est nullement question ici, de pointer du doigt ces familles qui gagnent honnêtement leur vie. En extrapolant cette idée, on met en lumière les dérives que génère une exploitation démesurée, outrancière, comme celle de l'huile de palme.

[9] La loi sur la lutte contre le gaspillage alimentaire adoptée au Parlement le 3 février 2016 répond à cette prise de conscience.

partenaires et la mise en place du *rahui*[10] permettait une gestion raisonnée de l'environnement.

La perte de la notion du sacré, c'est la marche vers la banalisation, vers le non-sens, tout peut s'acheter et se vendre et être jeté. Alors même que les objets, lorsqu'ils étaient échangés renfermaient l'esprit du propriétaire.

Lorsque *Hina* but l'eau de coco et mangea la pulpe qu'elle trouva délicieuse, c'est l'esprit, le *mana* de Tuna qu'elle absorba.

Par ailleurs dans le texte en tahitien, Amaru joue sur la sonorité des mots : *tapihoo, tapihaa, tapitapi* voulant décrire le désir, l'obsession de la personne à vendre, à acheter, à accumuler des bénéfices.

Au commencement était...

« Au commencement était... » donne à voir et à comprendre l'origine de l'ancêtre.

O vau te īnaa	Je suis l'alevin
O vau te matamehaì	Je suis le commencement
O vau te mata-èi-nana	Je suis le début de l'humanité
O vau te mataèinaa	Je suis la société
O vau te īnaa	Je suis l'alevin
Tei mata i te pō uri	Qui s'est éveillé dans la nuit sombre
I te uri a pō a matamehaì	Dans l'obscurité du commencement
I te-Ao-a-taipe.	Dans le monde des symboles.
O vau te īnaa	Je suis l'alevin
Īnaa maere rā	Un alevin étonnant

[10] « En Polynésie, interdiction d'exploitation ou de récolte formulée par un chef, dans un district ou sur toute autre portion d'espace. Le *rāhui* porte sur les ressources terrestres ou marines et vise à préserver pour les saisons à venir ou pour des festivités importantes [...] ». (Geizal, C, 1988, p. 36).

Inaha	Car
E paari mai au	Je grandis
Ei puhi !	Anguille !
E paari mai au	Je grandis
Ei tuna !	*Tuna* !

Amaru a associé *īnaa* (alevin) à *mataèinaa*[11]. Ce terme qui signifie : peuple, gens, puise son explication dans les liens qui unissent les personnes d'une même famille, d'un même clan. *Mata*, qui se réfère à visage, met en relation des traits physiques communs auxquels des personnes se reconnaissent au premier abord. De manière symbolique et significative, l'identification et l'appartenance à une famille, à un clan se fait par les traits communs du visage (*mata*). Par ailleurs, ce terme évoque l'idée de commencement, c'est dire qu'il remonte au début de la lignée du clan. *Èi* signifie attache, c'est lier les choses ensemble. [...] ce mot vient de *hei* qui désigne la couronne [...]. C'est l'idée de cercle, de boucle, d'unité, de lien, d'attache qu'il faut retenir ici, qualités indispensables pour la solidité de la communauté. *Hei* a aussi un autre sens, en marquisien, il signifie : juste, équitable. La cohésion du groupe est aussi à ce prix. Quant à *nana*, il veut dire homme au sens de genre humain. On le retrouve dans *ènana*, utilisé aux Marquises du Nord pour dire homme. En résumé, *mataèinaa* se réfère donc de manière indissoluble à la famille, au clan, à la tribu depuis son origine, étant entendu que sa pérennité repose sur les liens intrinsèques qui unissent chaque membre du groupe. (Tetahiotupa, p. 24-25)

Le Pō, la nuit

La notion de *pō* (nuit) ou de *pō uri* (nuit sombre) nous informe que le début de toute chose, de toute création prend naissance dans la nuit. La nuit est le monde des esprits, des divinités, de la

[11] Autrefois, les sujets d'un chef, une tribu, un clan, subdivision des habitants (Académie tahitienne, 1999, p. 257).

création. Ce monde est invisible au regard humain, il lui est donc inaccessible. Il n'a pas la connaissance et la puissance (*mana*) suffisantes pour voir ce qu'il s'y passe et ne découvre qu'au lever du jour les réalisations, les changements, les créations opérés durant la nuit par les esprits.

Un monde de symboles

Amaru parle du monde des symboles (*te Ao a taipe*), c'est dire que l'option choisie (cette approche à travers le monde des symboles) laisse une part importante à l'interprétation, à l'interrogation, à ce qui fait sens en nous et qui nous renvoie à notre monde sensible.

En ce sens, ce film documentaire devient une plateforme de discussion et d'échange avec en ligne de mire, un esprit de plus en plus ouvert aux idées et aux approches nouvelles, ce qui sous-entend une plus grande tolérance, une acceptation de l'autre, même si, parfois, nous ne partageons pas les mêmes idées et les mêmes approches.

Par ailleurs, la discussion amène assez souvent à ce que les participants argumentent leur point de vue, justifient leurs idées. Ici, nous sommes dans l'apprentissage du dire, de la formulation, du comment faire passer son message aux autres, comment être compris des autres. Ce qui est recherché ici, c'est le partage des connaissances.

C'est en cela que, lorsque nous présentons le film, Amaru et moi-même informons l'auditoire que les interprétations, les développements reflètent une vision qui nous est personnelle ; qu'elle est sujette à discussions, à interprétations et à contestations. Mais nous leur signalons également que la position de chaque personne est respectable.

La Répétition : un mode d'apprentissage

"Je suis l'alevin" se trouve trois fois dans ce paragraphe, c'est une forme d'insistance qui veut rappeler la manière dont les légendes étaient racontées. Revenir, en partie, sur ce qui a été dit, pour mémoriser, mais aussi pour garder le fil de l'histoire.

Du deuxième au cinquième vers, une nouvelle information émerge ("*maere roa* - étonnant"), qui introduit la présence du Serpent à plumes. Mais une question surgit : que fait cet animal connu en Méso-Amérique dans les légendes polynésiennes ? La question peut légitimement être posée.

O vau te matamehaì	Je suis le commencement
O vau te mata-èi-nana	Je suis le début de l'humanité
O vau te mataèinaa	Je suis la société
O vau te īnaa maere roa	Je suis l'alevin étonnant

La suite du texte va nous le révéler.

O vau te ôfī huruhuru,	Je suis le Serpent à plumes
Ua momi rā te moina ia ù	L'oubli m'a avalé
E na te paparaa o te tua	Et l'empilement des générations
E na te tuatapaparaa	Les recherches
E faahiti ā i to ù nei parau.	Révèleront mon existence.
Ua rave mai rā vau i te huru	J'ai pris l'apparence
Te huru o te puhi, o te tuna	L'apparence de l'anguille
No te àuraa mai i te moana	Pour nager par l'océan
Te moana nui a Hiva.	Le grand océan Pacifique.
Na te fenua atea roa mai au	D'une contrée lointaine
I te fanoraa mai ia òutou na	Je suis venu à vous
E ua tari mai au i te haari	Et j'ai apporté avec moi le cocotier
E ua taritari mai au i te ora.	Et j'ai apporté avec moi la vie.

Ē, ua tari mai au i te ora	Oui, j'ai apporté la vie
Inaha	Car
Na to ù nei upoo	De cette tête
Te upoo o te tamaiti hui arii ra	La tête du prince
O Faa-Ravaì-Anu	*Fa'a-Rava'i-Anu*
I ohi mai ai te haari matamua	A germé le premier cocotier
I Pape-Uriri.	À *Pape-Uriri.*

Gardons à l'idée que nous nous situons volontairement dans un monde, un univers, qui est celui des symboles que nous tentons de décrypter, en justifiant la présence du cocotier dans le Pacifique, par sa venue de Méso-Amérique, (cf. image 1).

Image 1. Photographie : Edgar TETAHIOTUPA

Nous ne sommes donc pas dans une démarche identique à celle des biologistes qui consistent à analyser l'ADN des plantes et d'en suivre leur périple. C'est dire qu'il n'est pas dans l'esprit de ce film documentaire de traiter une quelconque théorie de l'origine des Polynésiens. En revanche, un des intérêts majeurs est de donner à voir et à comprendre le monde polynésien actuel, par un éclairage venu de l'Est, et incidemment de comprendre "qui je suis" pour savoir "qui je serai" ou plus précisément "ce que je voudrais être".

Des couleurs identiques : le rouge et le vert

Na to ù nei roro	De mon cerveau
I ohi mai ai i te fenua ra	A germé
No Mangaia i Rarotoà	À Mangaia à *Rarotoà*
E piti haari taaê mau	Deux cocotiers différents
Te haari ùra mai te ùra	Le cocotier rouge comme le rouge
O te atua Taaroa	Du dieu *Ta'aroa*
E te haari matie mai te matie	Et le cocotier vert comme le vert
O te atua Rongo.	Du dieu *Rongo.*
Ē, o vau te haari,	Oui, je suis le cocotier
O vau te niu	Je suis *Niu*
Tei hiti atoà na i te atea roa	Qui s'était dressé au loin
I te uri a pō a matamehaì	Dans l'obscurité du commencement
I Te-Ao-a-Taipe	Dans le monde des symboles
Ua tauhia vau i reira e te manu	Un oiseau s'est posé
Te manu ora mure òre	L'oiseau éternel
Te manu ùra e te matie	L'oiseau rouge et vert
Te manu kukul.	L'oiseau *kukul.*

O te kuku, te kukupa	C'est le *kuku*, le *kukupa*
Aore ra, te vini-ùra	Ou bien le *vini 'ura*
Io tātou nei.	Chez nous.

La référence au coco vert et au coco rouge et leurs attributions, cité par Anderson (1995, p. 260), viennent pour, chacun d'eux, d'une moitié du cerveau de *Tuna*. La couleur verte est attribuée à *Rongo*[12], la rouge à *Tangaroa*[13].

L'oiseau éternel fait référence à l'oiseau appelé *kukul* ou quetzal, que l'on trouve en Méso-Amérique, qui porte les mêmes couleurs rouge et verte que le *kuku* ou *kukupa* de Polynésie française. Ce dernier terme est proche *Kukulkan* ou *Gucumatz*[14] maya.

Un même esprit, plusieurs aspects

La couleur dominante du quetzal est le vert émeraude. Son ventre est rouge, ses rémiges sont noires et ses rectrices blanches. À voir l'aspect du cocotier, celui-ci possède un tronc élancé sans aucune branche au bout de laquelle se trouvent des feuilles en panache. Dans cette description, on peut facilement imaginer la représentation du serpent à plumes. Le tronc du cocotier serait le corps, les noix de coco ses œufs et les feuilles, les plumes de

---

12 *Rongo* est largement connu à travers la Polynésie. [...]. À Mangaia aux îles Cook, *Rongo* est l'enfant le plus âgé de *Ātea* [...] et *Papa*, donc la divinité principale et le dieu national de la guerre de cette île. Il est représenté par une conque marine, dans la maison du dieu de l'île, *marae* (temple), et par deux images en pierre sur le bord du temple. Sur Timatara (certainement "Rimatara") (groupe austral) des sacrifices humains lui étaient offerts (traduction personnelle), (Craig, 1989, p.142-143).

13 *Tangaroa*, bien qu'il soit référencé comme étant un des dieux majeurs de Polynésie, sa position dans la cosmologie polynésienne varie d'un groupe d'îles à un autre. Son rang le plus élevé, comme étant le dieu suprême de la création apparaît à Tahiti où *Taaroa*, qui n'a ni père ni mère, est l'ancêtre de toute existence. Il est né d'un œuf ou d'un coquillage (*rumia*) duquel il créa le ciel et la terre. Lorsque ces deux (éléments) furent unifiés, il donna la vie à une succession de créatures (traduction personnelle), (Craig, 1989, p. 99).

14 *Gucumatz*, nom que les Mayas Quichés donnaient à *Kukulkan*, le "serpent à plumes". (Jones & Molineaux, 2002, p. 117).

l'oiseau. La comparaison ne s'arrête pas là, en effet, l'une des caractéristiques du serpent, c'est qu'il mue, il se débarrasse de sa vieille peau. C'est exactement ce que l'on peut constater lorsque le cocotier grandit, il se débarrasse petit à petit du tissu naturel qui engaine les bases des jeunes feuilles. Ce tissu se nomme, entre autres noms, *rapa* en *paùmotu*[15] ; il signifie, être changé, altéré (Stimson, 1964/2008, p. 430), ce qui dénote son caractère passager. Quant aux feuilles de cocotier, il faut dire qu'elles portent les mêmes couleurs vertes que les plumes du quetzal ; plus encore, on y distingue une couleur légèrement jaune, de même clarté. Leur forme est similaire, avec une nervure centrale, et lorsque la feuille de cocotier commence à se dessécher, elle change de couleur, passe du rouge brun au marron. D'une position en panache au départ, elle s'incline lentement pour se rabattre et se positionner le long du tronc. On a l'impression de voir là les plumes rouge marron ornant la poitrine du quetzal. Il est intéressant de noter que dans le mot *faniu*, nous avons *fa* qui signifie, plume rouge et *niu*, cocotier, et que, actuellement, *faniu* signifie, pédoncule des feuilles de cocotier. (Tetahiotupa, 2009, pp. 16-17).

Les couleurs rouge et verte du quetzal ou du *kukul* « se retrouvent dans une coiffe marquisienne appelée *paèkuà*. Il s'agit d'un bandeau frontal rouge orné de plumes, considéré dans la culture marquisienne comme le bien le plus précieux et le plus rare. [...] Dans *paèkuà*, nous avons *paè* qui se réfère à la coiffe, et *kuà* à rouge ». (Tetahiotupa, 2009, p.28).

Lorsque nous remplaçons l'oiseau par la coiffe pour la placer à l'endroit où se trouvent les noix de coco, et que nous mettons, à la place du tronc, un jeune homme, nous obtenons l'image du jeune prince portant la coiffure de chef[16]. Nous avons donc l'image superposée ou confondue du cocotier, de l'anguille, de l'oiseau *kuku*, du jeune prince avec sa coiffe.

[15] *Paùmotu*, langue de l'archipel des Tuamotu.

[16] Même si cette coiffe est celle portée par les chefs des îles Marquises, l'intention ici est de rendre l'idée que les coiffes en plumes d'oiseaux portées par les chefs incarnent la présence des divinités.

En prenant un second exemple tiré du tableau maya, nous pouvons remplacer le serpent par l'anguille, de sa tête surgit un cocotier. L'anguille selon certaines légendes se transforme en cachalot[17]. Si nous mettons à la place de l'évent le cocotier et que nous faisons figurer le souffle du cachalot, nous avons ici la désignation du cocotier, *hakari* en *paùmotu*, *haari* en tahitien qui signifie : jet d'eau.

Ce cachalot désigne aussi une terre[18], nous avons donc l'image d'une île-terre avec un cocotier. Mais cette île, c'est aussi une pirogue, *vaa* en tahitien. Ce terme se trouve dans l'expression *vaa mataèinaa*, comme pour signifier que l'organisation d'un *mataèinaa* est identique à celle que l'on trouve sur une pirogue.

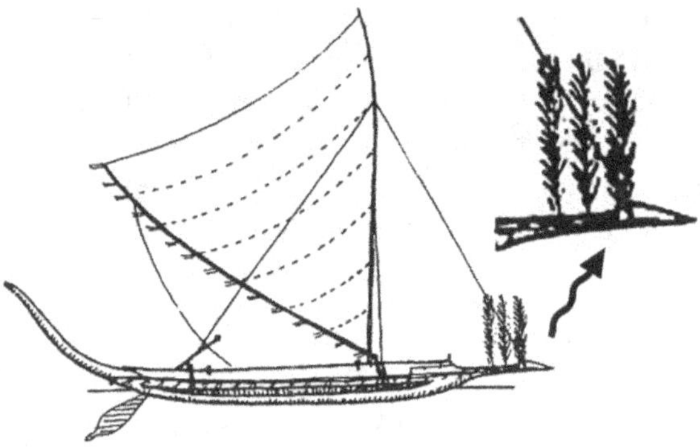

Image 2. Jean NEYRET, 1974, *Pirogues océaniennes*, tome II, Palais de Chaillot, p. 13.

---

[17] Voir note de bas de page 16.

[18] Dans son livre *Tahiti aux temps anciens*, Teuira Henry (p. 454-455) raconte l'histoire de *Terehe*, qui n'ayant pas obéi à une restriction sacrée, fut engloutie par une énorme anguille, alors qu'elle se baignait dans l'eau. L'anguille, possédée par l'esprit de la jeune fille, se débattit, devint enragée, son corps se transforma en un énorme poisson. Celui-ci se mit à voyager en mer et devint Tahiti.

Une autre référence au grand poisson se trouve dans la généalogie de *Hiro-Ari'i* de Ra'iatea-Nui (Saura & Millaud, 2003, p. 45) où l'anguille, suite à l'invocation du roi *Moe-te-rā-uri,* se transforma en un grand poisson. Ce grand poisson, c'est évidemment une grande embarcation qui l'emmena à Ra'iatea où sa présence était attendue.

Une pirogue marquisienne révèle la présence de feuilles de cocotier à la proue de la pirogue (cf. image 2). Si nous remplaçons la pirogue par le serpent, nous retrouvons, à la place des feuilles de cocotier, le cocotier du tableau maya. La poupe relevée de la pirogue correspond à la queue relevée du crotale[19], lorsqu'il se sent menacé. Aussi surprenant que cela puisse paraître, un chant de l'atoll de Anaa mentionne l'aspect de *Tuna*, l'anguille, qui avance avec sa queue relevée[20].

Par ailleurs, en langues *rapa iti*[21] et mangarévienne[22], *kamià* désigne une pirogue, en langue *paùmotu*, *kamia* désigne une variété d'anguille.

Conclusion

Le film conçu pour inciter les enseignants à promouvoir les langues polynésiennes tente de sensibiliser ces derniers à l'exceptionnelle richesse de la culture polynésienne, à travers la sémantique et les concepts. Les mots disent des choses, touchent les consciences, les sensibilités et évoquent des images. Ils provoquent, car ils bousculent et remettent en cause certaines idées. En effet, un cocotier n'est pas simplement un arbre, au sens commun, c'est aussi un animal, en l'occurrence une anguille, mais c'est aussi un être humain, dans la légende c'est un jeune prince… Mais l'anguille, c'est aussi un cachalot, qui est lui aussi une terre, qui elle-même est un ancêtre, etc. C'est tout cela en même temps.

Cette conception de l'univers a permis à la Principale adjointe d'un collège[23] de mettre en place un événement qui a regroupé, en 2019, seize collèges en Polynésie. En choisissant le thème de

[19] Car le Serpent à plumes est un serpent crotale.

[20] « *Ko Tuna ki te pepenu ko roroa, ka horo tipukupuku ki te mahiga haga* » (Emory, 1979, p. 52)

[21] Langue de la petite île appelée Rapa iti.

[22] Langue de l'archipel des îles Gambier dont l'île principale se nomme Mangareva.

[23] Une première rencontre eut lieu avec la principale adjointe et quelques enseignants pour un visionnage et une discussion sur le film *Tuhei*. D'autres rencontres eurent lieu avec les enseignants et les parents d'élèves.

la culture polynésienne, chaque établissement devait trouver un prolongement pédagogique en fonction des matières à enseigner : en langues polynésiennes, français, anglais... en mathématiques, musique, sports, etc. Trois soirées de spectacles de danses polynésiennes à To'ata[24] ont clôturé cet événement. La mobilisation des établissements est due essentiellement au choix culturel polynésien pour lequel les élèves et les enseignants y ont trouvé un intérêt commun, leur rappelant qui ils sont. Les langues polynésiennes y ont joué un rôle important dans la prise de conscience identitaire des collégiens.

Dans l'imaginaire collectif, à quoi nous renvoie l'image de l'anguille ? Pour un certain nombre de personnes, à celle d'un animal à la peau gluante, à l'aspect hideux, repoussant. Dans la culture polynésienne, elle renvoie au début de la création, au cocotier, à la terre, la pirogue, l'homme, bref à la vie. C'est comprendre que tout est lié, interconnecté, que « tout est dans tout »[25]. À l'heure de la modernité, ces éléments nous rappellent que nous ne sommes pas seulement une somme d'individus liés par la connexion internet, une somme de connaissances juxtaposées, mais qu'au contraire, ces éléments nous renvoient, en miroir, à notre propre réalité, à ce que nous sommes et continuerons à être demain, une réalité multiple. Respecter ces éléments, c'est respecter le monde qui nous entoure, c'est nous respecter nous-même et la génération à venir.

Bibliographie

Académie tahitienne. 1999. *Dictionnaire tahitien- français*. Tahiti : Académie tahitienne – Fare vana'a.

ANDERSON, J. C. (1995). *Myths and Legends of the Polynesians*. New York: Dover edition.

[24] Place, connue à l'international, où se déroulent les grandes festivités du *Heiva* (concours de danses et de chants traditionnels polynésiens).

[25] Cette idée de l'interconnectivité développée plus haut (la terre, la pirogue, l'ancêtre...) est importante, parce qu'à travers l'arbre que nous détruisons, c'est nous-même que nous détruisons.

CRAIG, R. D. (1989). *Dictionary of Polynesian Mythology*. New York: Greenwood Press.

GLEIZAL, C. (Éd.). (1988). *Dictionnaire illustré de la Polynésie*: Vol. 4. Tahiti: éditions de l'alizé.

EMORY, K. P. (1979). *Strings figures of the Tuamotus.* Canberra: The Homa press.

HENRY, T. (1962). *Tahiti aux temps anciens.* Paris: Publications de la Société des Océanistes, n° 1, Musée de l'Homme.

JONES, D. M., & Molyneaux, B. L. (2002). *Mythologies des Amériques.* Paris: EDDL.

SAURA, B. & MILLAUD, H. (2003) ; *La lignée royale des Tamatoa de Ra'iatea.* Tahiti: Cahiers du Patrimoine, Ministère de la culture, n° 5.

STIMSON, J. F. & MARSHALL, D. S. (2008). *A Dictionary of some Tuamotuan Dialects of the Polynesian Language* (2e éd.). Tahiti: Société des études océaniennes.

TETAHIOTUPA, E. (2009). *Au gré des vents et des courants, l'histoire surprenante d'une anguille.* Tahiti: Éditions des Mers Australes.

Le *'ori tahiti* à l'épreuve de la mondialisation

Enjeux contemporains de sa préservation au Patrimoine Culturel Immatériel de l'UNESCO

Par Marion Fayn

Chargée d'enseignement ISEPP-UCO Pacifique
Membre de l'International Council Dance (UNESCO)

Pour Gérard Lenclud, « la tradition serait le pain quotidien des ethnologues, son étude la marque distinctive de leur activité » (Lenclud, 1987, p.2). Néanmoins, il souligne que « la portée heuristique de certaines notions (…) tient pour une part à leur indéfinition relative » (Ibid). Cela n'est pas sans rappeler l'emploi quelquefois suranné du terme qui, en sciences sociales et particulièrement en anthropologie, peut être encore parfois associé à l'idée d'immobilité et être porteur d'a priori romantiques ou ethnocentriques. En effet, évoquer la « tradition » peut parfois contribuer à la consolidation d'un cadre de référence intellectuel, constitué par un système d'oppositions binaires (tradition/changement, société traditionnelle/société moderne) dont la pertinence se révèle tout à fait problématique si l'on affecte à ces oppositions une valeur générique (Ibid).

En ce qui concerne les études consacrées à la danse, les questionnements autour des notions de tradition et de contemporanéité ne sont ni récents, ni absents. Posés de façon parcellaire, ils demeurent l'apanage des études consacrées aux répertoires, aux remontages d'œuvres chorégraphiques ou encore aux pratiques dites de « danses traditionnelles ». Dans ces contextes, le terme de « tradition » peut constituer un concept opérant. Ainsi, il serait envisagé « comme ce qui d'un passé persiste dans le présent » (Pouillon, 2008, p.710) des pratiques chorégraphiques et des acteurs qui les incarnent. Cette acception laisse place à des problématiques en lien avec la permanence ou la perte qui vont permettre d'interroger ce qui apparaît comme des fondamentaux ou des invariants de ces pratiques de danse au fil du temps. Il s'agit ici de comprendre comment ces héritages à la fois gestuels et chorégraphiques résistent aux changements sociaux et aux ruptures de l'Histoire. Les transitions économiques, politiques, sociales ainsi que l'apparition de nouveaux contextes performatifs induisent un profond renouvellement de ces héritages qu'il est nécessaire d'interroger[1].

La question de la tradition a pour corollaire celle de la transmission. L'étymologie du premier terme, qui vient du latin *traditio,* désigne l'acte de transmettre. Pour Lenclud et Pouillon, cet acte de transmission se caractérise initialement par l'oralité et l'exemple ; par l'écrit plus tardivement. De fait, la tradition est transmise au fil des générations et, ce faisant, demeure « agissante et acceptée par ceux qui la reçoivent » (Pouillon, 2008, p.710). Or dans cette dynamique, la danse est confrontée à une vaste problématique pour pérenniser ses productions. En effet, la transmission en danse est définie comme un « mode par lequel les œuvres chorégraphiques survivent à leur création » (*Le Dictionnaire de la Danse*, 2008, p.819). À cette entrée, Philippe Le Moal et Sylvie Jacq-Mioche rappellent qu'à la différence du théâtre, la danse ne peut se référer à un texte qui, s'il n'est l'œuvre théâtrale lui-même, en est tout du moins la matrice. De même, contrairement à la musique, aucun système de notation du mouvement n'a pu s'imposer largement et durablement pour fournir un équivalent à la partition musicale. Enfin, même si l'enregistrement filmé est venu, au XXe siècle, pallier en partie

[1] Colloque international Festival de Danse de Cannes, 2015

ces manques, c'est la transmission orale, de génération en génération, entre danseurs, professeurs, maîtres de ballet et chorégraphes qui permet aux œuvres de survivre. Autrement dit, une œuvre chorégraphique n'existe et ne perdure que tant qu'elle est régulièrement dansée et qu'elle donne lieu à une transmission directe d'individus à individus.

L'art de la transmission de la danse s'avère délicat, l'exemple du *'ori tahiti* illustre et prolonge ce constat. En effet, cette pratique de danse traditionnelle spécifiquement tahitienne est marquée dans un premier temps par des facteurs de discontinuité au niveau historique qui ont fait obstacle à sa transmission linéaire. Si ces phénomènes et leurs conséquences ont contribué à la perte, à l'oubli d'un pan important du *'ori tahiti*, il apparaît, dans un deuxième temps, par le prisme de la transmission de certaines pratiques corporelles, que le fond de cette danse a pu traverser le temps. Le *'ori tahiti* a fait l'objet d'une revitalisation dans les années 1960 et a progressivement rayonné à l'international. D'une menace sur le plan diachronique vient désormais se substituer le sentiment d'une menace sur le plan synchronique car en échappant à tout contrôle, ce rayonnement est volontiers associé au risque d'appropriation culturelle. La tentative d'inscription du *'ori tahiti* au Patrimoine Culturel Immatériel de l'UNESCO et les réponses apportées par la Polynésie française sont en ce point révélatrices d'une volonté de le maîtriser et de le préserver de l'engouement qu'il suscite à l'international. Cette démarche récente de classement du *'ori tahiti* ouvre de nouvelles perspectives mais laisse également place à des enjeux et des problématiques contemporaines qui seront évoqués sous forme de questionnements.

Les facteurs de discontinuité de l'axe temporel

Il n'est pas rare que le *'ori tahiti* soit au centre de débats opposant tradition et modernité ; l'intérêt étant d'appréhender ces deux notions telles qu'elles sont définies par les acteurs eux-mêmes. Loin des controverses, il est néanmoins possible d'établir une définition consensuelle de ce que recouvre ce terme en commençant par en rappeler sa traduction littérale :

« danse (*'ori*) tahitienne (*Tahiti*) » (Académie Tahitienne – *Fare Vāna'a,* 1999, p. 318). En ce sens, il est indissociable de son origine, de son lien au sol et de la charge affective accordée à l'enracinement culturel dans l'espace insulaire tahitien (Bonnemaison, 2008, p.521). En substance, le *'ori tahiti* désigne une forme d'expression collective reposant sur une technique de danse traditionnelle qui met en exergue une distinction des genres (hommes/femmes) d'une part ; et une dissociation du corps qui se traduit par un marquage du rythme par le bas du corps et par l'interprétation d'un thème culturel par le haut du corps selon une esthétique propre à l'île de Tahiti d'autre part.

L'écriture de la danse : un corpus peu fiable

La question de la transmission en danse, tout comme celle de sa notation, demeure épineuse. Cette problématique générale se retrouve dans la connaissance qui nous est parvenue du *'ori tahiti* et même se complexifie. En effet, la danse aux temps anciens est connue par les témoignages des Occidentaux. Plonger aux sources du *'ori tahiti* mène au cœur des récits de voyages des circumnavigateurs et des publications des missionnaires. Ces premières sources se caractérisent par des descriptions relativement elliptiques des danses d'autrefois. Pourtant, il est certain qu'elles devaient être beaucoup plus importantes et diversifiées que ce que rapportent ces témoignages réducteurs (Fayn, 2008, p. 4). La connaissance rapportée quant à leurs formes reste très partielle car elle est empreinte de subjectivité et influencée par les valeurs héritées de la culture occidentale. La principale caractéristique qui a tant choqué les Européens a trait à la sensualité, voire à l'indécence supposée des gestes. À cela, vient s'ajouter l'absence de témoignages des populations locales qui auraient pu rétablir les fondements initiaux ou du moins confirmer ou infirmer les données.

Une danse plurielle, objet d'interdits

La danse constitue un élément culturel fort à Tahiti. Même très confus, les témoignages des observateurs extérieurs à travers le temps ne laissent d'évoquer l'omniprésence de la danse dans la société tahitienne (Grépin, 1997, p.1). Ce dont on est sûr, c'est qu'à l'époque du « contact »[2] et notamment dans la phase des premières rencontres avec les Européens à partir de 1767, la danse est plurielle. Elle fait office de divertissement au quotidien dans les jeux collectifs pour exprimer sa joie ou son soutien. Elle est un moyen d'alléger certains travaux collectifs comme la confection de l'étoffe végétale appelée *tapa*[3]. De plus, la danse peut également constituer un moyen pour un chef d'exprimer sa gratitude à la suite de travaux d'intérêt général. Par ailleurs, elle apparaît aussi dans les festivités qui marquent les étapes significatives de la vie telles que la naissance, le mariage ou les funérailles. On la retrouve également dans les relations entre personnes de haut rang où elle assure une fonction diplomatique. À l'occasion des guerres, elle fait figure de moyen de défiance et de réconciliation. La danse a aussi une dimension sacrée et une fonction rituelle importante. Serge Tcherkézoff (2004) a d'ailleurs démontré le lien très fort qui unit la danse et la cosmogonie. Enfin, par la parodie, elle permet de dénoncer les abus des chefs.

Ancrée et acquise par le corps afin de produire une gestuelle efficace, la danse fait sens pour la population tahitienne. C'est par ses fonctions que la danse apparaît comme un élément qui structure l'organisation sociale, politique et religieuse. Autrement dit, la danse en tant que pratique artistique isolée – c'est-à-dire détachée de ses fonctions - n'existe pas aux temps anciens. En définitive, la fonction motive et précède la danse. Par

---

[2] « Le mot de "contact" est préférable à celui de "découverte" pour qualifier ce qui se produisit à partir des années 1770, dans l'archipel de la Société. En effet, si, avant cette période, Tahiti et les autres îles voisines n'étaient effectivement ni repérées, ni cartographiées par les Européens, elles avaient été, depuis peut-être un millénaire, reconnues et parcourues par les *Ma'ohi* qui peuplèrent le "triangle polynésien" et s'y établirent. (…) Depuis la fin du XVIe siècle, les Européens avaient exploré – certes de manière très incomplète – la zone Pacifique et une partie de l'actuelle Polynésie française (le sud des Marquises et quelques îles de Tuamotu). (…) On peut (…) considérer que la période du "contact" par elle-même s'étend sur trois décennies, entre 1767 à 1797. Trois phases peuvent être distinguées : celle des premières rencontres, à laquelle succède celle des cohabitations prolongées, tandis que l'ébauche de liaisons régulières achève cette étape de l'histoire des îles de la Société, à l'aube du XIXè siècle, avec l'arrivée des premiers missionnaires et l'essor de l'activité baleinière. » (Dorbe-Larcade & Law, 2019, p. 73)

[3] Étoffe végétale fabriquée à partir d'écorces

exemple, on ne danse pas pour fabriquer du *tapa* en revanche cette activité féminine et collective produit de la danse. Dans ce cas, elle lui donne même corps puisque les mouvements sont à la fois rythmés et inspirés par le travail effectué. Ce schéma est applicable à chacune des occasions qui sont à la source de la pratique de la danse.

Illustration 1 : « A Girl Scraping the Bark to Make Cloth », Sydney Parkinson, British Library, Add. Ms 23921, f 50b

Illustration 2: « Girls beating out the Bark with their Cloth beaters », Sydney Parkinson, British Library, Add. Ms 23921, f 50a

À partir de 1819, les Codes de lois, produits d'une négociation entre des valeurs proposées par les missionnaires protestants et celles chères aux souverains locaux (Saura, 2008, p. 50), visent à proscrire le *'ori tahiti* de manière progressive et indirecte. Si la danse n'est pas ouvertement interdite parce que le terme même n'apparaît pas dans ces premiers textes de lois, ce sont les fonctions dans lesquelles elle s'inscrit qui sont prohibées.

Les arrêtés pris par les autorités coloniales françaises de 1842 à 1895 visent à interdire la pratique même du *'ori tahiti*. En définitive, les fonctions de la danse disparaissant avec le fonctionnement du système social ancestral, ce capital culturel n'avait plus de raison d'être. Sous le poids des contraintes - et non sous l'effet d'une évolution choisie – le *'ori tahiti* fait l'objet d'un premier remodelage et sa pratique, confinée dans le fond des vallées, le fait entrer en clandestinité (Lesson, Ellis, Gillotin).

Le retour de la danse : la voie du concours

C'est par la voie du concours que les danses tahitiennes, organisées dans le cadre de la mise en place de la Fête nationale française du 14 Juillet de 1895, reprennent une forme de légalité. Dans cette quatorzième édition, elles trouvent leur place dans le programme officiel du Tiurai[4]. Il s'agit d'un retour relatif, car bien encadré par le règlement et les organisateurs et placé sous l'œil avisé d'une Commission. Le *'ori tahiti* en tant que symbole puissant, est utilisé, manipulé par un processus de sélection et d'adaptation dans ce contexte à la fois politique et idéologique (Giurchescu, 2005, p. 272) de la Fête nationale de l'Administration coloniale française en place. Le concours, en définitive, n'est qu'une manière élégante de censure (Durban, 2005, p. 149) ; il demande que les participants se conforment à ses exigences, s'adaptent aux règles qui ne sont plus celles d'une compétition mais d'une conformité à une ligne idéologique qui n'est autre qu'une logique de pouvoir. Par les récompenses octroyées aux groupes méritants, un modèle de danses est donné aux foules, qui ont pour vertu de ne plus correspondre aux danses jugées « sauvages » et « indécentes » d'autrefois, mais qui, s'inspirant de ces dernières, peuvent être

[4] (*july*-juillet) nom donné par la population aux festivités se déroulant au mois de juillet.

ressenties par la population comme un retour aux traditions, alors que dans les faits, une « nouvelle tradition » est née (Durban, 2005, Vérin, 1969). Le *'ori tahiti* passe ainsi d'une expression coutumière et sacrée à une forme plus laïque en phase avec le calendrier des célébrations du *14 Juillet*.

L'absence de corpus fiables et le durcissement des interdits, censures, voire d'autocensures, constituent autant de facteurs propices à la discontinuité de la transmission. Néanmoins, tenter de définir des spécificités propres au *'ori tahiti* permet de mettre en exergue une certaine continuité qui fait sens pour les praticiens.

Dépasser les affres de l'Histoire et tenter de définir les spécificités du *'ori tahiti*

Les pratiques corporelles à Tahiti se caractérisent par un certain nombre de lignes de force qui font écho dans le temps et dans le présent. Elles sont héritées de la mythologie qui véhicule une conception particulière du corps et témoignent de l'organisation sociale concernant notamment les rapports entre hommes et femmes aux temps anciens. Le *'ori tahiti* repose sur ces ancrages ancestraux qui en déterminent également ses spécificités.

La cosmogonie au fondement de la conception tahitienne du corps

À Tahiti, la conception du corps procède d'une division symbolique entre parties ayant du sens et parties non-signifiantes, entre le haut et le bas, entre sacré et non sacré. En substance, la division serait inhérente à la création du monde et en reproduirait certaines étapes comme la séparation primordiale du ciel et de la terre, du haut et du bas rappelant que, dans la danse, le corps est double : d'un côté se trouvent les mouvements propres aux bras et aux mains, d'un autre côté ceux du bassin et des jambes. Ce dualisme corporel est ancien et fait lui-même partie du grand dualisme cosmologique trans-polynésien entre le Ciel et la Terre, entre la lumière et l'obscurité primordiale (Tcherkézoff, 2004, p. 382). De cette représentation découle la conception tahitienne du corps dans laquelle la tête, élément le plus « haut », apparaît comme le plus sacré. Puis vient le torse. Le siège de la pensée et des sentiments se trouve dans ces régions (tête, ventre, foie, diaphragme). De l'autre côté, les pieds sont l'élément le moins sacré. Le chant de la création spécifiquement tahitien, tel qu'il est recueilli auprès de différents prêtres, confirme cette division fondamentale (Henry, 1997, p. 343).

La symbolique du mouvement construite entre hauteur et dissociation

Le sens des mouvements ne relève donc pas du corps dans son ensemble, compris comme un tout, mais de certaines de ses parties qu'il convient de distinguer pour le comprendre. Ainsi, les pieds et le reste du corps en particulier les balancements des hanches, produisent le rythme de base (Kilohana Silve, 1997, p. 18) ; la danse acquiert sa signification par les gestes des bras (Kaeppler, 1993, p. 112) qui racontent une histoire (Tcherkézoff, 2004). Chaque geste correspond à l'expression d'un mot, d'une action ou d'un concept. Le thème de la prestation, de la chorégraphie ou les paroles du chant ancré dans la culture étant d'une importance primordiale, les danses se concentrent sur les bras et le buste (Kilohana Silve, 1997, p. 18). Son expression donne lieu à l'élaboration d'un « langage » poétique se renouvelant au gré des textes rédigés, véritables supports de créations chorégraphiques. La gestuelle est tout aussi complexe que subtile. Loin de relever du mime, elle permet de dire l'indicible, de transcender les écrits. Le geste dansé est donc davantage projectif que descriptif.

L'expression des genres

Au sein des danses traditionnelles à Tahiti, les mouvements des hommes diffèrent de ceux des femmes laissant apparaître deux styles chorégraphiques bien distincts. Ainsi, les figures réalisées n'ont pas la même esthétique ni la même fonction autant chez les danseuses que chez les danseurs. En outre, il apparaît clairement que les hommes n'exécutent pas les mêmes mouvements de la partie supérieure du corps que les femmes, ni les mêmes mouvements de la partie inférieure. En revanche, malgré ces différences inhérentes au genre (masculin ou féminin) des interprètes, les mouvements peuvent avoir les mêmes significations.

À partir de l'étude du corps et des principales caractéristiques des mouvements, il est possible de déduire que la danse traditionnelle tahitienne, dans la séparation spatiale hommes/femmes d'abord puis dans la composition de mouvements distincts, s'inspire symboliquement des statuts sociaux différents de chaque genre (Oliver, 1974). Autrement dit, cette dualité apparente du corps instrumentalisé est non seulement objet de réflexion esthétique mais correspond aussi à la place de la femme et de l'homme dans la société.

Ériger le *'ori tahiti* au rang de patrimoine

Ces lignes de forces héritées de la mythologie ainsi que de l'organisation sociale et identifiables dans certaines pratiques corporelles correspondent à autant de fondamentaux qui ont su traverser le temps et permettre au *'ori tahiti* de demeurer une expression culturelle forte. Objet d'un concours de danse, le *Heiva i Tahiti* (qui s'impose aujourd'hui comme l'une des manifestations les plus anciennes et les plus importantes du Pacifique) fait rayonner la pratique à l'international et fédère des milliers de danseurs. Si cette dernière affirmation peut sembler concourir à la promotion de la pratique, elle n'en demeure pas moins discutable.

Lutter contre les « menaces » extérieures : du plan diachronique au plan synchronique

L'ouverture au monde de la Polynésie française coïncide avec l'entrée dans l'ère de la modernité. Apparaissent des changements culturels inhérents à toute société, tournant majeur dans la chronique d'un peuple « sans histoire ». Dès lors, la danse ne cesse d'être un élément primordial dans la re-création de cet espace-temps aboli, ainsi que dans la transition et l'évolution nécessaire vers la reconquête identitaire. En substance, le *'ori tahiti* continue de se développer en marge des festivités de la fête nationale tandis que l'avènement du tourisme dans les années 1950-1960 sert finalement de plateforme au retour des danses dans un contexte de moralité. Madeleine Moua, figure emblématique du renouveau du *'ori tahiti* marque cette période. Elle apparaît comme « l'héritière d'une absence de mémoire » (Durban, 2005, p. 161). Ainsi, ses initiatives tendent vers une restructuration autour de nombreux éléments hérités du passé, rattachés au contexte polynésien donnant la possibilité à une forme, épurée et désormais codifiée, du *'ori tahiti*, de recevoir un titre d'officialité et de s'extraire du milieu essentiellement populaire dans lequel il est cantonné. Elle parvient à instaurer une forme d'académisme, un référent qui va progressivement s'imposer comme la norme de la tradition empruntant à l'ancienne, mais, dans le fond, novatrice. Consciente que la vision du monde qu'ont les Tahitiens, leurs besoins de s'exprimer, leurs relations sociales, leur situation économique et politique et leur environnement évoluent, Madeleine Moua modifie les symboles traditionnels et en instaure de nouveaux. En ce sens, elle ouvre la voie à une néo-tradition.

Cette évolution nécessaire vers la reconquête identitaire s'accompagne d'une diffusion du *'ori tahiti* à l'international. Les groupes de danse fleurissent, se structurent et partent à la conquête d'une audience qui dépasse les frontières de la Polynésie française. À l'opportunité de répondre à la demande extérieure correspond aussi le rayonnement incontrôlé du *'ori tahiti* dans le monde. Ainsi cette époque des années 1960 est celle de l'ouverture, sur le plan local, de la société tahitienne et concomitamment celle du déploiement et de la diffusion de la culture polynésienne sur le plan international.

L'inscription du 'ori tahiti au Patrimoine Culturel Immatériel : revers et incompréhension

Face à cette diffusion croissante et non maîtrisée du *'ori tahiti*, les institutions culturelles du Pays lancent son inscription au Patrimoine Culturel Immatériel de l'UNESCO à la fin des années 2010.

La démarche vise à ériger cette pratique au rang de patrimoine entendu comme l'héritage commun d'un groupe ou d'une collectivité qui est transmis aux générations suivantes. En d'autres termes, il devient essentiel de dépasser les discontinuités générées sur le plan diachronique pour préserver le *'ori tahiti* sur le plan synchronique et de pérenniser ainsi son ancrage tahitien.

L'inscription au Patrimoine Culturel Immatériel s'effectue en deux étapes différentes : une première sauvegarde à l'échelle nationale qui ouvre la possibilité à une deuxième à échelle internationale. Depuis octobre 2017, le *'ori tahiti* figure au patrimoine national de la France, seule habilitée par sa qualité d'État membre à présenter une candidature devant l'organisme mondial. Consécutivement à cette première étape, la Polynésie française a ainsi pu envisager la constitution d'un nouveau dossier en vue d'accéder au niveau international. Malheureusement l'accueil reçu n'a pas permis d'atteindre l'objectif escompté. La Direction du Patrimoine, arguant notamment que « toutes les danses de l'Océanie se ressemblent », a invité les instigateurs du projet à envisager un portage international. Une réponse inappropriée selon ces derniers qui témoigne d'une « méconnaissance de l'Océanie, des cultures et de nos spécificités »[5].

La préservation et la valorisation sur le plan local : deux démarches incontournables

L'inscription sur la liste de l'UNESCO ne constitue pas une garantie absolue de protection. Le gouvernement de la Polynésie française est tenu de mettre en œuvre des programmes de préservation et de valorisation du *'ori tahiti*. Pour ce faire, les dirigeants ont mis à profit les évolutions statutaires de la Polynésie française. Ainsi, en 2014, la culture devient de compétence territoriale. En d'autres termes, il incombe au gouvernement polynésien de fixer les règles et c'est au Conservatoire Artistique de la Polynésie française qu'en revient à la fois la compétence et la responsabilité en matière de culture. La première réponse donnée à la diffusion incontrôlée du *'ori tahiti* a donc une nouvelle fois été celle de la codification.

[5] « Ori Tahiti : le pas de Macron ne passe pas », Polynésie la première, le 03/02/2019, N. Suire et J. Lee.

Le renforcement de la codification : vers l'uniformisation de la tradition

La démarche n'est pas récente. Elle remonte à l'époque des concours et fait écho aux initiatives de Madeleine Moua. La tentative de codification concerne les pas de danse. En substance, il s'agissait de réaliser un répertoire consensuel, reflet d'une époque. Néanmoins l'entreprise reste complexe eu égard la disparité des modes de transmission.

En effet, le *'ori tahiti* est d'abord une tradition orale. En tant que telle, la pérennité et la transmission de ses gestes et de ses mouvements sont assurées par l'observation et l'exemple : les aînés, s'étant approprié des figures, guident les jeunes générations dans l'exécution des mouvements qui tâchent de les reproduire le plus fidèlement possible. La transmission des danses prend alors tout son sens. On retrouve ici les caractéristiques dégagées par Marcel Mauss à propos des motivations de l'enfant dans l'imitation des gestes de ses aînés : les rapports entre les deux classes d'âge sont basés sur la « confiance » et l'« autorité » liée à la différence de génération et le bénéfice tiré de la reproduction d'un acte efficace dont la portée a été prouvée (Mauss, 2006, p. 369). C'est en refaisant les gestes des adultes que l'enfant s'inscrit dans un contexte social et participe à pérenniser la logique de la société dans laquelle il vit. C'est aussi dans cette transmission qu'au fil des générations les modifications et la stylisation apparaissent. Ainsi, beaucoup de danseurs le deviennent du fait de l'imprégnation dont ils font l'objet dans le milieu de la danse par la famille élargie (anniversaires, mariages, etc.).

En outre, la danse reste aussi le complément naturel et spontané des manifestations sociales (accueil de personnalités, etc.), communautaires (kermesses) ou familiales, événements sportifs, culturels, festifs. Par ailleurs, de la maternelle à l'Université, la jeune génération a l'occasion de danser, lors des démonstrations organisées par les établissements pour les parents. Le *'ori tahiti* constitue également une activité extra-scolaire de prédilection. Pour certains établissements rattachés à un groupe de danse, l'école représente un vivier dans lequel puiser lors de la préparation aux concours de danse (*Heiva i Tahiti* et *Hura Tapairu* principalement[6]).

En oütre, les groupes de danse, particulièrement lorsqu'ils se rattachent à un lieu spécifique dont ils portent les traditions, possèdent une dimension sociale. La pratique du *'ori tahiti* fournit ainsi aux jeunes en situation d'exclusion sociale - en plus d'une occupation saine - un encadrement et une discipline bénéfique pour ces derniers qui manquent souvent d'un encadrement familial solide et de repères stables. La danse apparaît être un moyen notable d'intégration des jeunes, qui troquent leur étiquette de chômeurs ou de délinquants pour celle, beaucoup plus valorisante dans la société polynésienne de danseurs traditionnels. D'autres chefs de groupe ne partagent pas cette conception sociale de la danse traditionnelle qu'ils trouvent réductrices pour ce qu'ils considèrent avant tout comme un art ou comme l'expression supérieure de la culture polynésienne.

Cet aspect appelle d'autres questionnements sur le rôle du groupe aujourd'hui en termes de formation et de transmission. Certaines personnalités reconnues dans le monde de la culture tahitienne évoquent volontiers l'approfondissement de la culture par le prisme du groupe. Ainsi, au sein de la troupe, outre la pratique du *'ori tahiti stricto sensu,* il est possible d'acquérir des connaissances en matière culturelle (apprentissage de la langue tahitienne, sensibilisation aux techniques artisanales par le biais de la réalisation des costumes par exemple, découverte des mythes et légendes de la Polynésie française etc.). D'un autre côté, le Conservatoire Artistique de la Polynésie française est principalement reconnu pour être le lieu de l'excellence en matière d'apprentissage du *'ori tahiti* en tant que technique de

---

[6] En 2004, apparaît un concours d'un nouveau genre appelé le *Hura Tapairu*, organisé par la Maison de la Culture – Te Fare Tauhiti Nui, à l'initiative de son directeur Heremoana Maamaatuaiahutapu. Proposée mi-décembre chaque année, cette manifestation est définie dans son règlement comme « un concours de danses traditionnelles qui se veut différent du Heiva i Tahiti [...] Les groupes participants présenteront des œuvres originales inspirées du patrimoine culturel du *fenua* ». Une certaine latitude est accordée aux participants leur permettant d'innover tout en restant fidèles à la culture mère.

danse (positionnement du corps, acquisition et maîtrise des pas de danse, etc.)

La formation académique mise en place et délivrée par le Conservatoire Artistique de la Polynésie française

Le Conservatoire Artistique de la Polynésie française propose une filière inédite en Polynésie française mais en France également[7] : il s'agit d'un cursus dédié aux arts traditionnels calqué sur celui des conservatoires nationaux. Ce cursus conduit à l'obtention du DET[8], Diplôme d'Études Traditionnelles.

Il s'agit d'une formation certifiante et diplômante dont le débouché privilégié est la création d'une école de danse ou celui de l'enseignement de la danse en conservatoire.

Par ailleurs, la question du diplôme se télescope ici avec celle du prestige. En effet, un certain nombre de personnalités du monde de la danse bénéficie d'une notoriété et d'une crédibilité acquise lors des concours de danse. Remporter un prix au *Heiva i Tahiti* est synonyme de reconnaissance de la part de la société tahitienne. En outre, le cursus mis en place par le Conservatoire Artistique de la Polynésie française pose la question d'un changement d'un point de vue culturel : le *'ori tahiti* ne tendrait-il pas à devenir une danse « académique » ? Le terme « académique » renvoie ici à la notion d'enseignement institutionnalisé en lieu et place d'une imprégnation culturelle. À l'heure actuelle, la formation diplômante proposée par le Conservatoire Artistique de la Polynésie française cohabite avec la reconnaissance sociale que représente l'engagement dans la compétition.

Ces quelques jalons d'une réflexion portant sur l'évolution du *'ori tahiti* montrent à quel point il doit être appréhendé que dans une perspective anthropologique plus large. Dans ce domaine

---

[7] Le Diplôme d'État de professeur de danse pour la danse traditionnelle tahitienne n'existe pas en France. Il se décline depuis sa création selon trois options : danse classique, contemporaine et jazz.

[8] Le DET a remplacé la médaille d'or qui était simplement un examen de passage devant jury ; le DET a instauré le système des unités de valeurs.

culturel relatif à la danse, les traces de cultures pré-européennes posent la question des enjeux contemporains qui gravitent autour de leur valorisation. Le jeu des restructurations dont elle est l'objet tendent vers des formes d'académisme qui interpellent. Ainsi le *'ori tahiti* se trouve aujourd'hui au centre de mesures qui témoignent de la volonté de maîtriser sa transmission, sa préservation et son rattachement à son lieu d'origine à l'aune de son rayonnement à l'international. Le *'ori tahiti* est en effet au centre de relations entre différents éléments d'un système plus vaste dans lequel les valeurs, les modèles culturels et identitaires, les modalités d'apprentissage et les techniques corporelles elles-mêmes, s'articulent et s'influencent mutuellement. Comme le disait à juste titre Lenclud, « la tradition est un procès de reconnaissance en paternité » (1987, p. 8). Si la danse tahitienne apparaît comme un moyen d'affirmation de l'identité tahitienne contemporaine, c'est également parce qu'elle est prise dans la tourmente du « processus multicausal et multidimensionnel influençant tous les aspects de notre vie » (Dimitrova, 2005, p. 2). Cette tendance explique que cette pratique dansée soit au cœur de mesures qui s'articulent autour des catégories que sont le global (inscription au Patrimoine Culturel Immatériel) et le local (codification, statut de l'artiste notamment). Outre les conséquences de la mondialisation au niveau spatial, c'est aussi le rythme et la vitesse – autrement dit au niveau temporel – avec lequel le *'ori tahiti* se diffuse qui interpellent la communauté de danseurs et justifient les initiatives évoquées. Au final, le cas du *'ori tahiti* ne traduit-il pas cette difficulté d'apporter des réponses aux enjeux contemporains de la transmission au regard de la mondialisation ?

Bibliographie

Académie Tahitienne – *Fare Vāna'a.* (1999). *Dictionnaire de l'Académie Tahitienne.* Papeete : Académie Tahitienne – *Fare Vāna'a.*

BONNEMAISON, J. (2008). Océanie. In P. Bonte, & M. Izard (Eds.), *Dictionnaire de l'Ethnologie et de l'Anthropologie* (pp. 518-522). (3e édition). Paris : PUF, coll. Quadrige Dicos Poche.

Colloque international Festival de Danse de Cannes. (2015). *Traditions en mouvements : atelier de la danse n°7, Cannes, 20-21-22 novembre 2015.*

DANIELSSON, B. (1981). *Tahiti Autrefois*. Papeete : Hibiscus.

DIMITROVA, A. (2005). Le "jeu" entre le local et le global : dualité et dialectique de la globalisation. *Socio-anthropologie*, 15.

DORBE-LARCADE, V. & LAW, L. (2019). Histoire des premiers contacts avec l'Occident (1767-1797). In E. Conte (Éd.), *Une histoire de Tahiti. Des origines à nos jours* (pp. 73-116). Papeete : Au Vent des Îles.

DURBAN, J-F. (2005). *Les acteurs de la tradition en Polynésie française.* Paris : L'Harmattan.

ELLIS, W. (1972). *À la recherche de la Polynésie d'autrefois* (M. Sergueiew, C. Buyer-Mimeure (de), Trad.). Paris : Société des Océanistes N°25, 2 volumes (Œuvre originale publiée en 1829).

FAYN, M. (2007). *'Ori tahiti. La danse à Tahiti.* Papeete : Au Vent des Îles.

(2008). *Pour une approche sociopoétique de la danse traditionnelle tahitienne : représentations d'une expression en mutation.* (Mémoire de Master 2 en littérature comparée non publié. Université de la Polynésie française)

GIURCHESCU, A. (2005). Le symbole de la danse comme moyen de communication. In A. Grau, & G. Wierre-Gore (Eds.), *Anthropologie de la danse – Genèse et construction d'une discipline* (pp. 265-272). Paris : Centre national de la danse.

GREPIN, L-H., TCHERKEZOFF, S. & LOKENI, S. (1997). *Rapport sur la préservation et la transmission des chants et danses en Polynésie*, Projet Patrimoine 95, DOM33.

HENRY, T. (1997). *Tahiti aux temps anciens*, (B. Jaunez, Trad.). Paris : Publication de la Société des Océanistes, N°1.

JACQUIN, F. (1997). *De Constantinople à Tahiti. Seize ans d'aquarelles autour du monde 1840 – 1856, en suivant René Gillotin.* Paris : Karthala.

KAEPPLER, A., KAUFMANN, C. & NEWTON, D. (Eds.). (1993). *L'Art océanien.* Paris : Citadelles & Mazenod.

KILOHANA SILVE, S. (2-3 novembre 1997). Les danses du Pacifique témoignent de la vitalité des arts polynésiens. *Le Monde*. p. 18.

LE MOAL, P., & JACQ-MIOCHE, S. (2008). Transmission. In P. Le Moal (Éd.), *Dictionnaire de la Danse* (p. 819). Paris : Larousse.

LENCLUD, G. (1987). La tradition n'est plus ce qu'elle était... Sur les notions de tradition et de société traditionnelle en ethnologie. *Terrain,* 9.

LESSON, R-P. (1994). Voyage autour du monde. (Œuvre originale publiée en 1838). In J-J. Scemla (Éd.), *Le voyage en Polynésie. Anthologie des voyageurs occidentaux de Cook à Segalen* (pp. 800-808). Paris : Robert Laffont, coll. Bouquins.

MAUSS, M. (2006). *Sociologie et anthropologie*. Paris : PUF, coll. Quadrige.

OLIVER, D. (1974). *Ancient Tahitian Society.* Canberra: Australian National University Press.

POUILLON, J. (2008). Tradition. In P. Bonte, & M. Izard (Eds.), *Dictionnaire de l'Ethnologie et de l'Anthropologie* (pp. 710-712). (3e édition). Paris : PUF, coll. Quadrige Dicos Poche.

SAURA, B. (2008). *Tahiti mā'ohi. Culture, identité, religion et nationalisme en Polynésie française.* Papeete : Au Vent des Îles.

TCHERKEZOFF, S. (2004). *Tahiti – 1768, Jeunes filles en pleurs. La face cachée des premiers contacts et la naissance du mythe occidental (1595-1928)*. Papeete : Au Vent des Îles.

VERIN, P. (1969). *L'ancienne civilisation de Rurutu (îles Australes – Polynésie française). La période classique*. Paris : Mémoires ORSTOM, N°3.

2e Partie

L'outre-mer et l'universalité des cultures

Les statuts des « Pacifiques » entre tradition et modernité

Le cas de la Nouvelle-Calédonie à l'épreuve de la mondialisation

Par Arnaud de Raulin

Professeur émérite des universités

Les électeurs calédoniens se sont déjà prononcés deux fois en 2018 et 2020 contre l'indépendance de ce territoire. Les accords de Nouméa signés en 1998 prévoient même une troisième consultation sur l'accession à la pleine souveraineté de la Nouvelle-Calédonie. Ce sujet est donc d'une actualité politique brûlante et le processus de décolonisation progressif de la Nouvelle-Calédonie nous conduit à nous interroger sur les termes du débat. Comme nous l'observerons, le cas calédonien incarne et illustre dans une certaine mesure le conflit entre la tradition et la modernité. Celui-ci présente plusieurs dimensions :

La dimension idéologique

Le débat de nos jours s'articule autour de deux conceptions principales: l'une estimant le développement économique prioritaire au regard des considérations culturelles et sociales[1].

[1] Poirine, B. (1994) Développement économique et traditions socio-culturelles dans le Pacifique insulaire in *Journal de la Société des Océanistes* (n° 98). La thèse du développement économique a longtemps été considérée comme

Selon les défenseurs de cette thèse, un pays dynamique repose d'abord sur une économie en « pleine forme » en termes de croissance et d'emplois. Il y a aussi une autre conception considérant le développement humain avec ses composantes identitaires, environnementales et culturelles comme étant le fondement de nos sociétés. Ce mouvement est notamment soutenu par les tenants d'un développement durable. En réalité, la bataille du pouvoir porte sur les thèmes de la diversité culturelle, de la protection de l'environnement et de l'identité des différentes communautés.

La dimension politique

Au-delà des références strictement juridiques, l'accord de Nouméa du 5 mai 1998 qui a été constitutionnalisé et inscrit dans le titre XIII de la constitution est à la fois un cadre politique et juridique qui vise à assurer l'évolution politique et juridique de la Nouvelle-Calédonie. Il faut observer le caractère ambigu de ce texte qui tente de préserver l'unité de l'État tout en prônant un statut coutumier en faveur des kanaks. Ce compromis social et politique de l'accord de Nouméa met sans aucun doute à l'épreuve le discours universaliste de l'État. En effet, il en ressort que ce dualisme juridique (droit moderne-droit coutumier) provoque de nombreuses tensions entre les principales communautés (kanaks et caldoches) composant ce territoire. Comment le déclare justement un auteur « Comment penser les rapports entre rationalité et modernité, culture et diversité culturelle, à penser ces contradictions entre identité et ouverture »[2]. On constate donc que le choix de l'unité entre ses différentes forces et logiques identitaires est largement et profondément problématique.

---

prioritaire dans les pays africains et insulaires par les institutions internationales. On y observe maintenant une lente évolution mettant en avant le développement humain.

[2] Wolton, D. (2013) Le Pacifique, immense, insaisissable, impensable in *Revue Hermès* (N° 6).

La dimension géopolitique

De nombreuses menaces pèsent sur l'avenir de la Nouvelle-Calédonie: le statu quo sur l'indépendance de ce territoire, un affrontement possible entre les diverses catégories de la population comme ce le cas dans le passé dans les années 1980, l'expansionnisme chinois sur l'ensemble du pacifique, la protection de la biodiversité et en particulier les coraux et la barrière de corail, la gestion et l'exploitation de la zone économique (1,6 million de Km2) ainsi que les fonds marins. Nouméa est aussi avec Papeete les deux bases stratégiques de la France dans la zone Asie-Pacifique. L'organisation militaire dans cette zone inclut non seulement la Nouvelle-Calédonie et Wallis-Futuna mais aussi les deux puissances régionales que sont l'Australie et la Nouvelle-Zélande.

Tous ces sujets de nature géopolitique posent des questions à la fois stratégique et institutionnelle relatives au statut de la Nouvelle-Calédonie en tant que territoire autonome ou futur État indépendant. Quels sont les moyens de défense et quelles seront les alliances qui seront mises en place pour protéger cet espace de 18 575 KM 2 formé notamment de plusieurs îles : les îles Loyautés à l'est, l'archipel des îles Chesterfield à l'ouest, l'île des Pins au sud et les îles Belep au nord de la Grande Terre? Enfin, comment ne pas signaler la place de la Nouvelle-Calédonie comme un des fers de lance de la francophonie dans la zone Asie-Pacifique.

Les défis méthodologiques

La démarche classique d'un juriste face à la problématique liée au dualisme droit coutumier/droit moderne est de déterminer dans un premier temps les domaines de compétence régissant la coutume et le droit moderne. Dans le cas de la Nouvelle-Calédonie, l'une des matières régissant le droit coutumier concerne principalement le droit foncier et le droit civil et le droit moderne se rattache principalement aux fonctions régaliennes de l'État. Des lignes peuvent entrer en contradiction de part et d'autre.

Comment éviter et empêcher des tensions entre ces deux catégories de droit? Certains prônent une sorte de syncrétisme qui devrait dépasser les clivages existants. Cette méthode pourrait mener à la réconciliation entre les différentes communautés résidant dans ce territoire. Cette troisième voie représente-t-elle une utopie, une fiction ou une solution possible? Une telle issue impliquerait pour chacun des acteurs concernés un changement des mentalités en matière d'économie, de social et même d'anthropologie.

Il est difficile de réfléchir sur la société calédonienne sans faire référence au modèle africain. La notion d'individu est étrangère à la culture kanak comme dans les sociétés africaines. Les caractères communautaire, oral, clanique[3] et même religieux dominent dans ces sociétés. En effet, la recherche du compromis, de l'équilibre social et et de la conciliation des parties en cas de litige sont à la fois des valeurs et des objectifs fondamentaux de ces communautés traditionnelles[4].C'est pourquoi la coexistence du droit écrit avec le droit traditionnel est une des réponses au système calédonien. Pour cela, le juriste en tant que tel afin de résoudre ces conflits de normes ne doit pas se limiter à rôle un technicien du droit mais aussi se transformer en médiateur et observateur, voire un sociologue des pratiques et du fonctionnement de ces sociétés.

Quelle est alors la place pour le syncrétisme ? Il est omniprésent et inhérent dans ces sociétés communautaires qu'elles soient d'ailleurs calédoniennes ou africaines. Pour l'auteur C.Laurent (2007), il pourrait exister un destin commun entre tous les Calédoniens et elle souhaiterait d'ailleurs que le destin commun entre tous les Calédoniens puisse avancer dans le respect de toutes les cultures[5]. Sans doute déclare-t-elle, « le déni des autres cultures est encore trop fort » pour atteindre cet idéal de

---

[3] La Cour d'appel de Nouméa dans un arrêt célèbre du 22 août 2011 reconnaît au clan kanak la personnalité juridique même en l'absence de texte au sens de la jurisprudence de la Cour de cassation.

[4] Da Allada E. (2020) Sources du droit en Afrique: Entre traditions et modernités européennes - Université Panthéon-Assas - Cours : Introduction au droit comparé- L1.

[5] Laurent, C. (2007) *Calédoniens*. Edition Henry Dougier.

coexistence et de véritable paix entre les diverses communautés. L'unité dans la diversité pourrait se transformer aussi en une sorte de rencontre entre Descartes le cartésien et Rousseau le romantique...

Il ressort donc de l'étude à la fois juridique et sociologique de ces sociétés que notre objet d'étude relatif et spécifique au dualisme juridique tradition/droit moderne ne peut se réduire et se résumer à la confrontation entre deux régimes juridiques distincts et différents. C'est une démarche ouverte, différentielle et progressive qui doit nous conduire à examiner et à distinguer les différents aspects d'une société. Ces éléments peuvent se fonder et s'appuyer sur la diversité culturelle, la pluralité linguistique[6] et des sources juridiques, la protection de l'environnement ou encore l'altérité... Sans doute, le juriste classique est étranger à cette culture plurielle dont la tradition a « force de loi ».

Comme l'affirmait l'écrivain C Laurent[7] : « Un kanak sans coutume n'existe pas ». En effet, la notion d'individu est complètement étrangère à la culture kanak. On voit dès lors la difficulté de faire coexister plusieurs systèmes juridiques et sources de droit sur le même territoire.

Le dialogue, la reconnaissance mutuelle des cultures, la dignité demeurent et resteront toujours le fil conducteur permettant une compréhension des différents systèmes culturels. Le droit doit avant tout s'inscrire dans une réalité sociale et culturelle car il ne peut se limiter à une entité abstraite détachée de la société. Ce mode de régulation et de gouvernance entre différents acteurs politiques, économiques et sociaux peut dès lors conduire à une

---

[6] Il faut noter que la France a toujours refusé d'adopter la Charte européenne des langues régionales qui fait obligation aux États signataires de reconnaître les langues régionales et minoritaires en tant qu'expression de la richesse culturelle. Cette convention fut signée par la France en 1999 mais jamais ratifiée malgré les promesses de François Hollande durant sa campagne présidentielle. En effet, selon l'article 2 de la constitution de 1958 : « La langue de la République est le français ». Contester ce principe serait pour certains la remise en cause du modèle républicain fondé sur les principes d'indivisibilité, d'unité et d'égalité.

[7] Cf : Laurent, C. (2007).

véritable coexistence de nos sociétés caractérisées le plus souvent par le multiculturalisme.

Cette étude sera menée sur un plan horizontal et interdisciplinaire en y abordant différents points de vue : historique, juridique et sociologique. Dans le même temps, nous tenterons de déterminer les évolutions futures de ce pays.

Approche historique de la France et de ses territoires d'outre-mer : le choix entre l'universalisme et les particularismes

La Constitution de 1958 distingue deux groupes de régions périphériques : d'une part les collectivités territoriales (titre XII) où nous trouvons aussi bien les DOM que les TOM, Polynésie française, terres australes et antarctiques françaises (TAAF), Mayotte, Saint-Pierre et Miquelon, îles Wallis-et-Futuna et d'autre part la Nouvelle-Calédonie (titre XIII). Dans ces différents groupes, il faudrait également classer la Corse dotée d'un statut particulier depuis la loi de 13 mai 1991. Cette dernière est dotée d'un statut de quasi-autonomie. Elle constituerait une collectivité d'un genre particulier à mi-chemin entre la région et les TOM. La Corse demeure une collectivité territoriale de la République au sens plein du terme, son organisation administrative est cependant le reflet des tentatives de reconnaissances des spécificités minoritaires locales en France. On peut remarquer que le passage de statut des colonies à celui de département ou de territoire d'outre-mer n'a pu s'opérer qu'après une longue évolution qui n'a d'ailleurs pas été linéaire[8].

[8] La Charte du 24 mai 2017 prônant la « préférence régionale à l'emploi » en Corse ayant relancé la controverse entre les tenants d'une discrimination positive pour une certaine catégorie de personnes. Cf. « En Corse, le projet controversé d'une charte pour l'emploi instaurant une préférence locale », *Le Monde,* 31 mai 2017. Il faut remarquer que la Corse n'est pas la seule à favoriser l'emploi local. Certaines législations nationales prévoient d'autres formes de « discrimination positive » à l'embauche, en faveur des handicapés, des zones franches et de reconversion, en Nouvelle-Calédonie ou en Polynésie.

Le binôme droit de l'outre-mer/droit interne a été depuis longtemps défini par toute une série d'institutions politiques et juridiques ainsi que des concepts divers et variés. Ce cadre traduisait et traduit en même temps non seulement un certain type de relations juridiques et politiques mais également les tensions qui existent à l'intérieur de ce système.

Qu'il s'agisse des principes d'indigène, de décolonisation, d'assimilation, de départementalisation, de spécialité législative et maintenant d'autonomie à travers les lois et les pays d'outre-mer, ces différents éléments illustrent bien dans quel sens et quelle direction évoluent les communautés d'outre-mer selon les territoires en question. Il faut signaler d'ailleurs la contribution importante des lois Defferre du 23 juin 1956 dans ce processus à la fois de décolonisation et de liberté statutaire. Notons également l'apport important du droit international dans ce domaine. Au XXe siècle, la reconnaissance du droit des peuples à disposer d'eux-mêmes a fourni des arguments de poids aux peuples autochtones qui souhaitaient l'indépendance.

En effet, après la Deuxième Guerre mondiale, la Charte des Nations unies proclame l'égalité des peuples du monde entier. Dans les décennies qui suivent, les colonies d'Afrique, d'Amérique et d'Asie obtiennent quasiment toutes leur indépendance. L'article 27 du Pacte international relatif aux droits civils et politiques garantit aux personnes appartenant à une minorité » ethnique, religieuse ou linguistique le droit d'avoir, en commun avec les autres membres de leur groupe, leur propre vie culturelle ». On sait qu'un Comité des droits de l'homme peut se pencher sur les « communications » des ressortissants des États ayant ratifié le Protocole facultatif annexé au Pacte[9].

Historiquement, la Révolution, en mettant à jour le problème de statut et de la place des colonies dans la nation, ouvre la voie à leur intégration. La première étape fut d'ailleurs la mise en place

---

[9] MORIN, M. (1999) La situation des peuples autochtones en droit international et canadien : une vue d'ensemble, in Centre international de la *Common Law* en français, *Minorités et organisation de l'État,* Bruxelles : éd. Bruylant, pp. 631 ct s.

de l'égalité civile, autrement dit le règlement de la question de l'esclavage. La Révolution créa dans les colonies une situation insurrectionnelle qui contraignit la Convention à abolir l'esclavage. Les estampes représentant des Noirs Sans-culottes, portant au cou les emblèmes de la raison se multiplièrent.

L'abolition de l'esclavage adoptée une première fois par la Révolution mais supprimée par le Consulat, attendra le rétablissement de la République en 1848 pour être un acquis définitif. Tout l'effort de la Révolution fut de trouver le meilleur statut pour les colonies comme la meilleure constitution pour la France. Problème complexe, car les principes à partir desquels les constituants voulurent régénérer le royaume ne s'appliquaient pas facilement aux colonies. D'une part, l'ordre politique nouveau devient égalitaire, d'autre part, la Révolution est centralisatrice et unitaire. Or, l'inégalité est le fondement même de la colonie : égalité des individus, dont certains n'ont pas d'existence civile, infériorité de la collectivité qui se trouve dans la dépendance la métropole…

Ces difficultés entraînent d'autres interrogations et contradictions. La prise en compte de particularismes s'opposait aux principes de la République qui se voulait une et indivisible. En effet, le pacte national pouvait ne concerner que la partie continentale du royaume. Les gouvernements révolutionnaires auront ainsi des hésitations à leur trouver un statut adapté. À ces questions, la Révolution apportera successivement des réponses opposées.

Le particularisme des colonies sera d'abord respecté au prix de leur exclusion de la Constitution. Par la suite, elles seront totalement intégrées à la nation, au prix de leur disparition comme entités spécifiques et en utilisant la formule de l'assimilation. Faute de ne s'être jamais interrogée sur la nature des colonies comme collectivités politiques, la Révolution n'a pu résoudre le problème de leur statut.

Le décret Schœlcher du 27 avril 1848 abolit définitivement l'esclavage dans les colonies et l'extension du suffrage universel à l'outre-mer assure une vaste audience aux idées assimilatrices de la IIe République. La réforme devient la charte d'une bourgeoisie de couleur acquise aux idées républicaines qui, jusqu'en 1946, soutient la lutte pour la départementalisation des quatre colonies. Les Antilles, la Réunion, et la Guyane emprunteront chacune leur propre voie vers l'assimilation politique.

Le 12 février 1946, les députés des quatre « vieilles colonies » déposent devant l'Assemblée nationale constituante une proposition de loi rapportée par Aimé CÉSAIRE, portant modification du statut colonial. Le texte érigeant la Réunion, la Guyane, la Guadeloupe et la Martinique en départements français est adopté à l'unanimité au cours de la séance du 14 mars 1946, puis promulgué le 19 mars 1946.

La décolonisation commence ainsi par un paradoxe apparent : à un moment où l'Empire se fissure de toutes parts, les « quatre vieilles » choisissent le resserrement des liens avec la mère patrie. Le texte de loi de 1946 est court et se limite à des principes, mais ces principes sont fondamentaux. C'est la départementalisation, d'abord, qui structure tout le débat politique jusqu'à nos jours. Sur ce statut se séparent courants et partis. Après 1946, le concept quitte la sphère politique, celle de l'égalité des droits, pour devenir un enjeu culturel.

Pour certains, la départementalisation, c'est d'abord l'acculturation. Pour sa dynamique interne, cette réforme fait des quatre colonies, des collectivités modernes, au risque de leur banalisation. Dans l'immédiat, la révision constitutionnelle du 28 mars 2003 ne modifie pas le statut des départements et régions d'outre-mer. Certes elle ouvre beaucoup de possibilités d'évolution ; la réforme la plus intéressante est l'institution d'une assemblée ou, pour la région et le département, la fusion de ces deux collectivités en une seule[10].

[10] LUCHAIRE, Y.et F. (2003), *Décentralisation et constitution*, Paris : Economica,. Commentaire de la loi constitutionnelle du 28 mars 2003 relative à l'organisation décentralisée de la République.

Un constat s'impose : c'est le statut personnel qui caractérisait les individus vivant sous les anciennes colonies françaises. Dans le système actuel, c'est le nouvel article 73 de la Constitution française (titre XII - des collectivités territoriales) qui fixe les règles générales de compétence :

« Dans les départements et les régions d'outre-mer, les lois et règlements sont applicables de plein droit : ils peuvent faire l'objet d'adaptations tenant aux caractéristiques et contraintes particulières de ces collectivités. »

Cependant, un peu plus loin, dans l'article 73 alinéa 4, le constituant prend bien le soin de préciser que :

« Ces règles ne peuvent porter sur la nationalité, les droits civiques, les garanties des libertés publiques, l'état et la capacité des personnes, l'organisation de la justice, le droit pénal, la procédure pénale, la politique étrangère, la défense, la sécurité... Cette énumération pourra être précisée et complétée par une loi organique. »

Cela signifie que le principe de spécialité législative ne peut pas s'appliquer aux domaines de l'État et à la capacité des personnes.

Les statuts de la Nouvelle-Calédonie : union ou séparation ?

Dans le cas français, la reconnaissance des droits culturels vise autant la reconnaissance de droits civils que politiques et peut mener à terme à l'indépendance. La prise de conscience d'une affirmation plus forte, plus agressive parfois, des identités diverses est une tendance de fond de la société actuelle. Sans doute, l'idéologie de l'État souverain a perdu beaucoup de terrain dans cette gigantesque bataille que se livre l'Etat et les collectivités périphériques. Il serait sans doute présomptueux d'affirmer que l'État a définitivement perdu cette guerre car il reste toujours, jusqu'à la preuve du contraire, la principale autorité de régulation du développement économique, social et culturel d'un pays.

Il ressort de cette étude concernant le débat droit interne/droit de l'outre-mer qu'il existe deux conceptions de la vie administrative. D'un côté, les tenants de la conception traditionnelle considèrent qu'il serait difficile de penser autrement qu'en termes d'État : grand, petit, riche, pauvre, massif, délié, au centre, à la périphérie, continental, maritime, continu ou discontinu…

D'un autre côté, s'oppose la tendance réformiste. Reconnaître des « lois du pays » (Nouvelle-Calédonie) ou une langue corse distincte de la langue française[11], c'est déjà reconnaître des identités culturelles dans le cadre la République française. Cette république qui est une et indivisible (article I de la Constitution française) doit maintenant composer avec les différentes minorités qui se trouvent sur son territoire. L'histoire politique et constitutionnelle de la France, qui se caractérise par un droit centralisé et unitaire, subit de ce point de vue une profonde évolution. Il semble que nous ne bâtissons plus ce système politique correspondant. Pour les tenants d'une certaine orthodoxie juridique, cette tendance paraît remettre en cause notamment les principes d'unicité et d'indivisibilité de la République.

On peut observer la contrainte de « spécification et de modulation » qui traverse de façon croissante l'ensemble de l'action publique nationale et communautaire. Cette dernière est confrontée à la nécessité de morceler leurs orientations, de concevoir des mesures particulières pour chaque type de situation : économies ou catégories sociales en difficulté, zones rurales ou montagneuses, zones ultrapériphériques... Cette donnée reflète la complexité des sociétés modernes.

D'une certaine façon, le droit communautaire est en avance par rapport au droit interne dans la prise en compte des particularismes des pays. Sa relative « jeunesse » par rapport aux droits nationaux lui fait sans doute craindre un morcellement qui lui serait fatal. On assiste en France comme en Europe à une modification très profonde de la culture juridique notamment par

[11] Article 2 de la Constitution de 1958 « La langue de la République est le français ».

la remise en cause de la norme en tant qu'application générale et uniforme sur un territoire donné et à la remise en cause de l'unicité d'un pouvoir d'État qui, dans sa variante administrative, produisait tout à la fois l'action, la norme et le contrôle fermant l'individu et la société dans un réseau unifié.

Dans le nouveau système, basé de plus en plus sur des relations interpersonnelles et intercommunautaires, la notion d'une organisation de type néo-médiévale était déjà avancée entre autres par Hedley Bull (1977)[12]. Elle change la notion de souveraineté en envisageant des autorités se chevauchant sur le même territoire, et divers territoires liés par des réseaux ayant chacun une certaine autonomie vis-à-vis des institutions territoriales (par analogie avec les ordres religieux). Il est vrai qu'aucun système connu n'existe en soi ni pour soi. Tout système résulte d'un découpage plus ou moins arbitraire qui isole un segment de la réalité des éléments voisins avec lesquels il est en relation. Un système régional peut difficilement vivre en vase clos. Dans le monde moderne, nul n'échappe à la loi de l'interdépendance[13]. La conquête de l'espace et de l'extension universelle du phénomène étatique peut être certes une ambition et un projet pour des communautés ethniques et périphériques mais ces actions peuvent devenir une source de tension et d'antagonisme avec le pouvoir central.

La modernité à l'épreuve des traditions kanaks

Désormais, les relations juridiques entre la métropole et certaines régions et territoires d'outre-mer sont régies par de nouveaux principes. Ces territoires acquièrent de plus en plus d'autonomie à travers les lois du pays.

La Nouvelle-Calédonie est devenue dans le titre XIII une véritable Constitution dans la Constitution qui représente ce

---

12 BULL, H. (1977) *The Anarchical Society, A study of Order in World Politics*, New York : Columbia University Press, pp. 264-276.

13 MERLE, M. (1996) Un système international sans territoire ? in BADIE, B. et SMOUTS, M-C. *L'international sans territoire,* Paris : L'Harmattan.

nouveau modèle[14]. Par ses deux articles 76 et 77, elle n'est pas un territoire d'outre-mer mais une collectivité *sui generis*. Elle a à sa disposition un gouvernement et une assemblée qui peut délibérer sur de véritables lois qualifiées de « lois du pays ». Celles-ci ont valeur législative et peuvent être soumises devant le Conseil constitutionnel[15]. Au-delà des règles générales communes, chaque catégorie de collectivités territoriales obéit à un régime propre qui traduit sa spécificité. La possibilité pour la Nouvelle-Calédonie d'adoption des lois du pays constitue l'une des grandes innovations de la loi organique du 19 mars 1999.

Désormais, au sein de la République française, le parlement ne sera plus le seul à adopter des textes législatifs. Le congrès de la Nouvelle-Calédonie dispose de la même faculté. Selon l'article 99 de la loi organique, le Congrès adopte dans certaines matières des délibérations dénommées « lois du pays »[16]. Les compétences énumérées à l'article 99 ont trait à des matières présentant un intérêt fondamental pour ce territoire : identité canaque et droit coutumier, droit social, droit civil, impôt, mines et régime domanial.

Le droit coutumier est depuis longtemps une compétence de la Nouvelle-Calédonie[17] mais le Congrès hésitait à utiliser cette compétence. Désormais, il pourra le faire en adoptant les lois du pays. Les Mélanésiens eux-mêmes étaient réticents pour écrire, modifier ou transformer leurs règles coutumières.

Pour Gérard Orfila (2000), cette nouvelle mesure présente deux avantages : elle met sur un pied d'égalité statut civil de droit commun et statut civil coutumier, alors qu'une idée fausse

---

[14] PIMONT, Y (1999). Le titre XIII de la constitution in *Mélanges Patrice Gélard*, éd. Montchrestien, p. 205

[15] Cf. les accords de Nouméa du 5 mai 1998 entre le gouvernement français et les indépendantistes kanaks. (Point 5 alinéa 9 du préambule de l'Accord de Nouméa).

[16] ORFILA, G. (2000) *Le régime législatif réglementaire et coutumier de la Nouvelle-Calédonie,* Paris : L'Harmattan.

[17] Dès 1946 (Constitution de 1946, art. 82), le statut civil particulier était expressément reconnu par le législateur. Auparavant, la Cour d'appel de Nouméa avait admis, à plusieurs reprises, que les Canaques de Nouvelle-Calédonie imposaient d'un statut civil particulier.

communément admise laissait croire à une supériorité du premier statut sur le second. De plus, elle permettra de préciser un certain nombre de règles coutumières dont beaucoup de personnes connaissent l'existence sans être en mesure d'en déterminer les contours. Mais cette innovation comporte des risques. Les règles coutumières émanent de la pratique des sujets de droit eux-mêmes. Vouloir rédiger les règles coutumières, c'est se situer en dehors de la coutume et par conséquent prendre le risque de légiférer sans l'agrément des principaux intéressés, même s'il est prévu que le Sénat coutumier jouera en la matière un rôle de premier plan.

Le droit civil devient également une compétence de la Nouvelle-Calédonie et le Congrès pourra adopter des lois du pays. Il peut fixer les règles concernant l'état et la capacité des personnes, les régimes matrimoniaux, les successions et les libéralités. Il faut signaler que les Canaques jouissent d'un statut particulier depuis la Constitution de 1946[18]. Ce statut traduit les convictions profondes de la société mélanésienne quant au mariage et à la filiation. La finalité du mariage dans la société mélanésienne est différente de celle des sociétés occidentales. Le mariage mélanésien a pour but la procréation et la femme n'est guère prise en considération. Le mariage apparaît comme une nécessité imposée par le clan. Le rôle de la femme est d'assurer la continuité du groupe social. Dans cette conception, le divorce n'a pas de place. Ce que les clans ont fait, les époux ne peuvent le défaire. La dissolution du mariage n'est possible qu'avec l'accord des clans et des chefs lorsque la mésentente conjugale empêche toute vie commune.

De même, dans la société mélanésienne les relations du père avec le fils sont très distantes. Le père est une personne que l'on respecte, mais qui n'intervient jamais pour éduquer ou réprimander. Son rôle consiste à protéger les siens, à porter la responsabilité morale et sociale des siens. L'autorité parentale telle que nous la concevons est assurée par l'oncle extérieur. La

[18] Des décisions de justice ont cependant reconnu aux Canaques un statut personnel bien avant l'application de la Constitution de 1946. Les décisions les plus significatives sont les suivantes : (Nouméa, 28 févr. 1920, Recueil DARESTE 1920, 111, p. 96 ; 11 juill. 1921, ibid., p. 238 ; 8 août 1923, ibid, P. 111 ; et 19 sept. 1933, Recueil PENANT, 1934, 1, p. 86).

loi organique se préoccupe également de problèmes de filiation. L'enfant dont le père et la mère ont le statut civil coutumier relève de ce statut[19]. Cette solution n'est pas nouvelle.

Les usages mélanésiens ont établi également des règles particulières pour la propriété foncière. Lors des premiers temps de la colonisation française en Nouvelle-Calédonie, l'administrateur a constitué des réserves pour sauvegarder la terre et la population mélanésiennes sans pour autant régler les questions de fond touchant à la propriété du sol. Dans les usages ancestraux, la terre appartient à un clan ou à plusieurs clans. Selon la tradition orale, l'un de ces clans a été le premier à s'installer et à travailler la terre. Cette primauté d'installation lui confère le titre et les privilèges de maître de la terre, mais lui impose aussi des devoirs. En outre, rien n'empêche les autres clans de détenir des parcelles qu'ils cultivent et dont ils ont en quelque sorte l'usufruit.

On distingue deux sortes de droits réels sur une même parcelle : celui du maître de la terre et celui du clan qui la cultive depuis des générations. Sur cette même terre seront enterrés et ensevelis les ancêtres du clan. La loi organique dans son article 18 reconnaît ce statut particulier et coutumier des terres. Selon ce texte :

« Les terres coutumières sont constituées des réserves, des terres attribuées aux groupements droit particulier local et des terres qui ont été attribuées par les collectivités territoriales ou les établissements publics fonciers, pour répondre au titre du lien à la terre. Elles incluent les immeubles domaniaux cédés aux propriétaires coutumiers ».

La loi organique appréhende les droits fonciers des Mélanésiens comme une véritable propriété sans pour autant qualifier la qualité et la nature de cette propriété. Il appartiendra aux lois du pays de préciser les caractères de cette propriété ainsi que les modalités de son acquisition. Le développement économique et la sécurité juridique nécessitent cette clarification. Le législateur en a bien pris conscience puisque son article 19, la loi organique précise :

---

[19] Loi organique, article 10.

« La juridiction civile de droit commun est seule compétente pour connaître des litiges et requêtes relatifs au statut civil coutumier ou aux terres coutumières. Elle est alors complétée par des assesseurs coutumiers dans les conditions prévues par la loi ».

Les conflits relatifs aux terres coutumières se règleront désormais selon un mode judiciaire avec l'aide des assesseurs coutumiers.

L'inconvénient de toutes ces mesures, c'est que la condition des mêmes personnes pourra faire l'objet de lois différentes au sein de l'espace juridique français selon que ces personnes résident en Nouvelle-Calédonie ou en métropole. Il pourra y avoir une superposition, voire une confrontation, de deux systèmes juridiques : droit moderne et droit traditionnel. Se dessine ainsi progressivement, en quelque sorte, une silhouette aux contours imprécis d'un homme, le même, de droit particulier en tribu, et de droit commun « à la ville ». Il en ressort de plus en plus que le citoyen de la Déclaration des droits de l'homme de 1789 va s'opposer à l'individu. Il y aurait donc une divisibilité du statut personnel ; selon ses activités humaines, le citoyen de droit particulier peut relever soit du droit commun, soit du droit particulier.

Applicables de plein droit en Nouvelle-Calédonie, certains textes concernent des catégories entières de personnes. Une telle application est déterminée par la qualité des personnes concernées ; ce qui fait dire au Professeur Luchaire (2003) que « certains textes sont d'une applicabilité tant personnelle que territoriale ». Garant des libertés individuelles, tenu à l'obligation de rendre la justice à qui le lui demande, le juge judiciaire ne peut appliquer que son droit.

Dans les conflits de statut, la jurisprudence[20] et la loi organique[21] font prévaloir le droit civil français, le statut de droit local étant

[20] Le Conseil d'État avait été conduit en 1983 à se pencher sur le problème de l'irréversibilité de l'option en faveur du droit commun faite par un citoyen de droit particulier. La Haute Assemblée a estimé que le statut de droit commun était une conquête de la République au regard des libertés individuelles.
[21] Loi organique, article 9, al. 1.

un statut d'exception. Les conflits de statuts apparaissent dans les rapports mixtes, c'est-à-dire dans les rapports juridiques unissant des personnes possédant des statuts personnels différents. Ces conflits se manifestent souvent en matière de mariage, de filiation, de succession et de contrats. La loi organique permet de résoudre ce type de conflit. Dans les rapports juridiques mixtes, quand l'une des parties a le statut de droit commun et l'autre le statut coutumier, le droit commun s'applique. Si les parties ne sont pas de statut civil de droit commun, mais relèvent de statuts personnels différents, le droit commun s'applique. Cependant les intéressés peuvent en disposer autrement par clause expresse contraire.

Ces solutions précédemment admises s'appliquent au divorce des époux et de tous les devoirs résultant du mariage. Avant cette loi organique de 1999, il n'existait aucun mode de règlement des conflits de statuts en Nouvelle-Calédonie. On se référait à des solutions jurisprudentielles car même si le droit international privé pouvait apporter des éléments de réponse, il n'était pas transposable à ces conflits existants au sein d'un même espace juridique.

Les paradoxes de la modernité

Contrairement à la Nouvelle-Calédonie, en Polynésie française, il n'y a pas coexistence de deux systèmes juridictionnels. Les lois et les coutumes sont soumises à un seul système plus ou moins homogène[22]. Il faut noter que l'Assemblée a adopté les 14 et 15 janvier 2004 une loi organique portant statut de la Polynésie française[23]. Ce texte qui s'inscrit dans le cadre de la révision constitutionnelle de la décentralisation vise à faire de ce territoire de l'océan Pacifique un « pays d'outre-mer doté d'une autonomie

---

[22] DE GOUTTES, B. (Procureur général près la Cour d'appel de Nouméa) (1995). Le magistrat et la coutume in *Coutumes autochtones et évolution du droit dans le Pacifique sud,* Paris : L'Harmattan, pp. 152 et s.

[23] Cf. la loi organique n°2019-709 du 05/07/2019 portant modification au statut d'autonomie.

renforcée et de pouvoirs législatifs »[24]. Avec ce nouveau statut, la Polynésie devient un pays d'outre-mer qui se « gouverne librement et démocratiquement ». Ce territoire bénéficie des plus vastes attributions sans notre équivalent sur le territoire de la République : transfert en matière de droit civil, du travail, de fiscalité et possibilité de voter des « lois du pays ». La Polynésie déjà dotée d'un hymne et d'un drapeau qui mettent en avant une identité culturelle assumée, voit en effet ses prérogatives très étendues. Le président du gouvernement de la Polynésie française devient dès lors « président de la Polynésie ».

Le système consacre, en outre, un système de « discrimination positive » en matière d'emploi et de patrimoine foncier, en faveur des citoyens pouvant faire état d'une durée de résidence dans le Pacifique. Sur le modèle calédonien, le droit de la Polynésie française introduit la notion de « loi du pays », mais celle-ci n'a pas la même valeur juridique qu'en Nouvelle-Calédonie. Sur le Caillou, les lois du pays sont soumises au Conseil constitutionnel et donc, après validation, force de loi. En Polynésie, ces « lois » seront transmises au Conseil d'État et ne constitueront que des actes administratifs à caractère particulier.

L'autonomie de la Polynésie française franchit un nouveau palier avec la possibilité qui est accordée à la Polynésie française de négocier des accords internationaux avec des États ou des organismes internationaux, et pas seulement ceux de la zone Pacifique.

De plus en plus, le droit public français appréhende la question de territorialité des diversités culturelles. Par exemple, les notions de « communauté de communes » et de « pays » qui ont été posées respectivement dans la loi sur l'administration territoriale de la République du 06/02/1992 et dans la loi d'orientation pour l'aménagement et le développement du territoire du 04/02/1995 évoquent de nécessaires solidarités locales, peut-être dans un objectif économique mais sans aucun doute avec des conséquences sociales et culturelles.

---

[24] La Polynésie française sort de la catégorie des TOM et des collectivités territoriales et obtient un statut dérogatoire comme la Nouvelle-Calédonie.

Depuis le début des années 1990, les discours sur l'administration territoriale de la République ont renouvelé l'approche des lieux institutionnels d'identification. Par un renversement des perspectives, la notion de « pays »[25], bien qu'étroitement liée à la problématique de la réforme de l'État, engage la réflexion dans le champ des référents régionaux, historiques et identitaires. Elle réinvente le concept de démocratie locale et met en place de nouveaux paliers organisationnels de la représentation populaire dans le cadre de l'administration du territoire et de la République. La problématique du statut des communautés et des minorités pose inévitablement la question de l'organisation de l'État et de la place des minorités dans la société et la République. Les formes des groupes humains résultent ainsi de l'organisation des sociétés et des contacts qu'elles entretiennent, résultent de critères géographiques et de cette volonté de vivre ensemble. Le passage de la géographie « spontanée » ou naturelle » à la géographie « politique » exprime l'exercice d'un pouvoir, et pour réussir, doit s'appuyer sur un minimum de légitimité.

Conclusion

Quelques remarques finales peuvent être faites pour achever cette étude.

Tout d'abord, le droit de l'outre-mer et le droit du développement se superposent et finissent par se rencontrer dans la mesure où ces deux disciplines tendent à saisir la personne et le groupe dans sa réalité économique et sociale. Ces deux visent également à privilégier l'égalité compensatrice au profit l'égalité formelle et juridique. Il est intéressant de noter cependant que les notions d'égalité entre l'homme et la femme, de propriété et de liberté dans certains droits coutumiers ont une acceptation différente de celles du droit moderne.

---

[25] La loi d'orientation pour l'aménagement et le développement du territoire du 4/2/95 définit le pays comme un « territoire » doté d'une « cohésion géographique, culturelle, économique et sociale ».

Ensuite, il apparaît souvent que de nombreuses règles coutumières ou traditionnelles sont en décalage, voire en opposition, par rapport au droit moderne, expression contemporaine du code napoléonien. Souvent les membres d'une même communauté peuvent revendiquer le double système : à savoir l'application en alternance soit du droit moderne soit du droit traditionnel. Cette situation peut conduire non seulement au conflit de règles difficiles[26] à résoudre mais également à un choc culturel entre des communautés différentes vivant sur un même espace.

L'autre effet produit est que des communautés revendiquent le droit à la différence au nom de leur identité culturelle sans pour autant remettre en cause pour l'instant l'unité nationale[27].

Pour cette raison, ils bénéficient d'un régime dérogatoire en particulier dans la société canaque pour certaines matières : droit de succession (importance du Conseil de famille), le mariage (la communauté intervient dans le choix de l'épouse ou de l'époux), le droit des biens pour la société canaque.

En troisième lieu, les relations droit interne-droit de l'outre-mer évoluent dans un cadre ouvert, dialectique et flexible qui doit permettre des adaptations, des aménagements réciproques dans les deux systèmes. Cependant, il n'en demeure pas moins que malgré l'influence du droit occidental, les régions d'outre-mer ont une conception du monde différente de celle des sociétés industrialisées. Cette société traditionnelle n'est pas figée ; elle subit les assauts du monde moderne. L'émergence et la poussée de la notion de citoyen imprègnent progressivement le clan et la tribu en contre- partie d'une sécurité juridique nécessaire au développement. Il appartient au juriste d'être attentif à

[26] Le droit de l'outre-mer en ce qui concerne la Nouvelle-Calédonie arrive à résoudre avec une certaine efficacité ce type de conflit.

[27] LUCHAIRE, F. Application de la loi outre-mer, *Jurisclasseur civil*, n° 127 : « Il est possible de concevoir des règles différentes pour les diverses portions du territoire, mais en toutes hypothèses, un minimum de règles est indispensable : ce sont celles qui traduisent l'appartenance d'un territoire à une communauté nationale ».

l'évolution de ces sociétés et d'être persuadé qu'il n'y a pas de véritable État de droit sans adhésion.

Enfin, c'est une évidence que cet impérieux État français se trouve entraîné vers une pratique libérale à l'anglo-saxonne, vers un droit à la différence qui va jusqu'au communautarisme. Sans compter que cette recherche du compromis a un coût politique et financier que la nation n'est pas prête à accepter à n'importe quel prix. Nous arrivons aujourd'hui aux limites d'une logique d'autonomie, au bout d'une démarche idéologique et politique qui a su gérer et concilier des différences entre le droit moderne et le droit traditionnel. Que peut-il advenir après ce long et complexe processus d'autonomie, qui ne peut déboucher que sur l'indépendance de ces territoires ?

Certes, ce dualisme du droit moderne/droit coutumier peut être une source de richesse pour le Pays et aussi un moyen de reconnaissance de l'identité canaque. Il est aussi une source de clivages et d'affrontements entre les diverses catégories de la population (canaque et caldoche). Ce débat entre ces différentes communautés a amené à l'organisation de plusieurs referendums d'autodétermination successifs[28]. Ces élections affectent sans aucun doute profondément l'unité et la stabilité du Pays. Ne serait-il pas plus pertinent d'emprunter d'autres pistes possibles, et celles, notamment, permettant un compromis politique et social entre les différentes catégories de populations ? La Nouvelle-Calédonie se trouve à l'épicentre d'un espace géostratégique particulièrement sensible. C'est pourquoi la sagesse et la prudence des responsables politiques et socio-économiques calédoniens doivent sans doute conduire à emprunter d'autres voies que celle actuellement utilisée, notamment celle de la réconciliation entre les différentes forces économiques, politiques et sociales du Pays. Il faudrait dépasser

[28] L'accord de Nouméa du 5 mai 1998 prévoit jusqu'à trois votes en cas de victoire du « non ». Le deuxième référendum d'autodétermination s'est déroulé le 04/10/2020. Près de 180 000 électeurs calédoniens ont été appelés aux urnes. Le « non » l'a emporté de nouveau avec 53% de voix face au « oui » à 46%. Le 1er a eu lieu le 04/11/2018 et s'était également soldé par un refus de l'autodétermination : 56,7 % des suffrages exprimés (78 360 voix) contre 43,3 % (60 573 voix).

cette logique binaire qui divise la population calédonienne et qui n'apporte pas vraiment de solutions politiques pour l'avenir du Pays.

Bibliographie

BADIE, B. et SMOUTS, M-C (1996). *L'international sans territoire,* Paris : L'Harmattan.

BULL, H. (1977). *The Anarchical Society, A study of Order in World Politics,* New York: Columbia University Press, pp. 335.

DEBBASCH, R. (1991). « Du rejet de la notion de peuple corse à l'admission de la spécificité de collectivité territoriale en Corse ». *D.J.*.

DE GOUTTES, B. (1995). « Le magistrat et la coutume » in *Coutumes autochtones et évolution du droit dans le Pacifique sud,* Paris : L' Harmattan.

EASTERLY, W. et LEVINE, R. « Africa's Growth Tragedy: Policies and Ethnic Division » in *Quaterly Journal of Economics*, Nov. 1977.

FABERON, J. Y. (2004). *L'outre-mer français. La nouvelle donne institutionnelle*, Paris : Les Études de la Documentation française n° 5193-94.

GURREY, B. et TURQUOI, J-P. *Le Monde,* 12 et 13/10/2003, p.4.

KOUBI, G. (1999). « La République française face aux minorités : silences et réticences », pp. 253-296, in *Minorités et organisation de l'État*, Bruxelles : Bruylant, pp. 678.

LUCHAIRE, Y. et LUCHAIRE, F. (2003). « Décentralisation et constitution », *Economica*, Paris.

LUCHAIRE, F. « Application de la loi outre-mer », *Jurisclasseur,* civil, no 127.

MERLE, M. (1996). « Un système international sans territoire ? » in Badie, B. CT Smouts, M-C. *L'international sans territoire*, Paris : L 'Harmattan.

MORIN, M. (1999). « La situation des peuples autochtones en international et canadien : une vue d'ensemble » in *Minorités et organisation de l'État,* Bruxelles : éd. Bruylant.

ORFILA, G. (2000). *Le régime législatif, réglementaire et coutumier de la Nouvelle-Calédonie*, Paris : L'Harmattan, p. 162.

PIMONT, Y (1999). « Le titre XIII de la constitution » in *Mélanges Patrice Gélard*, éd. Montchrestien.

SAUX, J-L.(2003). « Antilles : un référendum utile », *Le Monde,* 7 et 8 décembre.

La transmission des langues premières à Mayotte

Les difficultés de concilier héritage culturel traditionnel et exigences de la départementalisation

Par Foued Laroussi

Professeur des Universités
Laboratoire Dylis - Université Rouen Normandie

Quand l'histoire explique le socioculturel

L'histoire de Mayotte est riche d'apports extérieurs multiples. Caractérisée de « plaque tournante et microcosme de l'océan Indien occidental » par Claude Allibert (1984), Mayotte possède ses propres spécificités tant sur le plan culturel, social ou linguistique. Au niveau de sa position géographique, ce petit territoire insulaire (374 km^2) fait partie de l'archipel des Comores que composent, outre Mayotte, les trois autres îles, à savoir, la Grande Comore, Anjouan et Mohéli. Sa position géographique l'expose naturellement à des influences diverses, et le canal de Mozambique était – et est toujours – le passage obligé des Arabes, des Bantous, des Malgaches, des Européens vers l'Afrique. Il en résulte une richesse de cultures et de langues très originale.

Dans cet espace insulaire, se sont métissées des populations d'origines africaine, orientale et occidentale. Des Bantous se sont mélangés avec des perso-arabo-musulmans venus de Chiraz ou de la péninsule arabique. Peut-être ces derniers étaient-ils à l'origine même du nom français « Mayotte » issu de l'expression arabe *Jazirat al-mawt* (l'île de la mort), l'île étant protégée par sa barrière de corail devient infranchissable : tous les bateaux des navigateurs qui s'y aventurent échouent devant cet obstacle naturel.

Les premiers Européens, à la recherche d'une nouvelle route vers l'Inde, découvrent l'archipel des Comores vers le XVe siècle ; ce dernier va leur servir de point de ravitaillement. À la fin du XVIIIe siècle, Mayotte a connu des razzias malgaches, servant de dépôt à esclaves. Le XIXe siècle a connu une rivalité continue entre les deux puissances coloniales de l'époque, l'Angleterre et la France pour le partage des colonies. Entre 1805 et 1850, la domination étant britannique, la France a perdu nombre de ses colonies au profit de l'Angleterre qui a conservé les Seychelles et l'île de France (Maurice) mais a accepté de restituer l'île Bourbon (la Réunion) à la France. Face à cette incontestable domination anglaise, la France change de stratégie et met en place une autre politique, proposée par Guizot en 1843, c'est la politique « des points d'appui ». C'est dans ce contexte que Mayotte est devenue française, le 25 avril 1841, la France par l'intermédiaire du gouverneur de Bourbon (la Réunion) a procédé à l'achat de Mayotte au terme d'un traité conclu avec le Sultan de Mayotte, Andriantsouli.

À partir de cette date, Mayotte va servir de base à l'établissement du Protectorat français sur les trois autres îles de l'archipel des Comores, à savoir la Grande Comore, Anjouan et Mohéli.

Le 24 septembre 1946, les Comores deviennent un TOM (Territoire d'outre-mer), doté d'une large autonomie administrative ; Dzaoudzi devient le chef-lieu des quatre îles. En 1958, les Comoriens transfèrent la capitale de l'archipel de Dzaoudzi (Mayotte) à Moroni (Grande Comore), ce qui a provoqué le mécontentement des Mahorais. À partir de cet événement, on assistera à la naissance d'un double mouvement politique empruntant deux chemins inverses : au fur et à mesure que les Comoriens revendiquent la transformation de l'autonomie interne en une indépendance politique, les Mahorais affirment leur particularisme politique et réclament le maintien de Mayotte au sein de la France. Le 22 décembre 1974, la France consulte les Comoriens par voie référendaire sur l'autodétermination : la Grande Comore, Anjouan et Mohéli votent « oui » mais Mayotte vote « non » à 63,8 %.

Le 8 février 1976, les Mahorais sont de nouveau consultés ; ils confirment à 99,4 % le vote de 1974 souhaitant demeurer au sein de la France. La même année, Mayotte devient une collectivité territoriale. Enfin, le 29 mars 2009, la France organise un référendum sur le statut final de Mayotte – consultation tant attendue des Mahorais – auquel les Mahorais ont voté à 95,2 % en faveur de la départementalisation de leur île. Celle-ci devient effective, le 31 mars 2011 ; Mayotte devient ainsi le 101e département français.

La situation linguistique de Mayotte

La situation linguistique de Mayotte se caractérise par la coexistence de deux grandes familles linguistiques, la famille des langues bantoues et la famille malayo-polynésienne. Deux langues principales composent le paysage sociolinguistique quotidien, le *shimaore*, une langue bantoue appartenant à l'aire swahili, est la langue majoritaire, laquelle est non seulement parlée par les shimaorephones mais aussi par les kibushiphones, et le *kibushi*, variété malgache de la famille malayo-polynésienne occupant la seconde position. Ces deux langues véhiculent une culture orale se transmettant de génération en génération.

Ces deux principales langues premières ou locales coexistent avec les langues des îles voisines : le *shindzuwani* (parlé à Anjouan) *le shingazidja* (parlé à la Grande Comore) et *le shimwali* (parlé à Mohéli). Compte tenu de la proximité géographique notamment entre Mayotte et Anjouan, se pose un autre problème, celui de l'arrivée massive de Comoriens à Mayotte, phénomène que la France et les Mahorais qualifient « d'immigration clandestine » alors que les Comoriens, qui n'ont jamais reconnu la souveraineté française sur Mayotte, le désignent comme un « exode rural ». Quoi qu'il en soit, la présence des ressortissants comoriens à Mayotte a un impact sur la situation sociale, culturelle et linguistique de l'île. Pour ne considérer que l'aspect linguistique de la question, nos multiples enquêtes sur l'île montrent, par exemple, que, quantitativement parlant, le shinzwani, la variété parlée à Anjouan, est en train de supplanter la seconde principale langue de Mayotte, le kibushi. Ce dernier se trouve en quelque sorte entre l'enclume et le marteau. Parlé dans une dizaine de villages, outre le fait que sa zone d'extension reste limitée, au contact avec les shimaorophones, les kibushiphones ont recours au shimaore comme langue véhiculaire. De plus, comme on vient de le mentionner *supra*, immigration comorienne oblige, le kibushi perd de plus en plus du terrain face au shinzwani. Deux variétés du kibushi sont parlées à Mayotte : le kisakalava-kimaori (Mronabéja, Acoua, Mtsangamouji…) et le kiantalautsi-kimaore (parlé principalement à Poroani et à Ouangani). Ces deux variétés sont apparentées et se ressemblent profondément. Enfin, sur le plan strictement linguistique, le kibushi est différent de son ancêtre malgache en raison de la quantité de mots empruntés au swahili, des mots arabes qu'il a intégrés et de la conservation de mots archaïques, lesquels ne sont plus en usage à Madagascar.

Ces langues locales coexistent, bien entendu, avec le français. Depuis l'installation de l'administration coloniale, ce dernier bénéficie du statut de langue officielle de l'administration publique et des institutions politiques. Sur le plan socioprofessionnel, pour la majorité des Mahorais, il est incontestablement la langue de la promotion sociale et de la réussite professionnelle. Son statut et sa fonction administrative expliquent pour beaucoup son utilisation de plus en plus fréquente comme langue de communication au sein de la famille mahoraise, alors qu'il est rarement la langue première des enfants mahorais. Autrefois, une telle attitude aurait été interprétée comme une assimilation, voire comme une déculturation. Pendant longtemps, surtout pour les Mahorais, qui n'avaient fréquenté que l'école coranique, le français et la culture européenne, de manière générale, étaient synonymes d'évangélisation et de trahison culturelle. C'est la raison qui explique leur refus de scolariser leurs enfants dans les écoles françaises. Aujourd'hui, la donne a changé et la départementalisation de l'île a accéléré ce phénomène. L'un de nos informateurs, à qui on demande les raisons qui le motivent à parler le français avec ses enfants en famille, répond comme suit :

« (...) à Mayotte on veut être français / on veut avoir le département alors on sera obligé de parler le français (...) pasque comme Mayotte est devenue française et tout euh faut qu'on parle français euh pour bien se comprendre et tout euh avec les gens qui viennent de là-bas euh (...) bon c'est une langue de Mayotte pasque institutionnellement déjà Mayotte lutte en grande majorité pour qu'elle devienne française ».

Dans les années quatre-vingt, la France s'est rendu compte que l'école publique à Mayotte souffrait de nombre de problèmes : effectifs élevés, manque de locaux, enseignants mal formés, échec scolaire, etc. Dès lors, une scolarisation massive et exclusivement en français a été mise en place. Quatre décennies plus tard, abstraction faite de l'enseignement dispensé au sein des écoles coraniques, le français est en passe de devenir la langue de communication quotidienne des jeunes Mahorais surtout dans les milieux urbains tels que Petite Terre, Mamoudzou et ses alentours où le contact entre diverses communautés favorise son usage. J'ai signalé supra que les kibushiphones, en contact avec les shimaorephones, ont recours au shimaore comme langue véhiculaire ; si ce constat reste vrai, c'est le français qui détient par excellence le statut de langue véhiculaire à Mayotte servant la communication entre toutes les communautés n'ayant pas une langue commune.

Mayotte connaît des mutations sociales rapides à tel point qu'il me semble difficile de continuer à raisonner de façon binaire en opposant deux pôles - autochtone vs non autochtone - symbolisés par les langues locales (le shimaore et le kibushi) et par le français. Bien sûr, il n'existe pas de conflit linguistique entre les shimaorephones et les kibushiphones même si ces derniers peuvent interpréter l'utilisation de l'étiquette linguistique générique, « le mahorais », pour désigner la principale langue locale de Mayotte comme une occultation, sans doute inconsciente, de la seconde principale langue de Mayotte, le kibushi. Encore faut-il préciser que ce terme générique « le mahorais », pour désigner la langue, nous le retrouvons non seulement dans la bouche du locuteur shimaorephone lambda, mais aussi sous la plume de certains linguistes. Aujourd'hui, des jeunes mahorais natifs du kibushi ont plus facilement recours au français comme langue véhiculaire pour s'adresser à des locuteurs shimorephones qu'au shimaore.

Partant, la situation est, nous semble-t-il, plus complexe. À la question : « alors être mahorais pour toi c'est parler quelle langue ? », un de nos informateurs répond ceci : « être mahorais / pour moi c'est bien parler le shimaore et parler le français / les deux », la réponse de cet informateur, revendiquant un bilinguisme, montre que les pratiques langagières des jeunes Mahorais ne s'inscrivent plus dans le schéma traditionnel observé chez leurs parents, généralement non francophones, opposant le français, considéré comme une langue « importée », voire « coloniale » aux langues locales, considérées comme des langues « autochtones ». Pour ces jeunes Mahorais, le français contribue, lui aussi, à la définition de l'identité mahoraise, une identité plurielle, au sens faite d'apports multiples.

Cependant, le français suscite des réactions ambivalentes : si les jeunes le valorisent en le considérant comme la langue de l'ouverture sur le monde moderne, du développement et de la réussite sociale, leurs parents, qui n'ont fréquenté que l'école coranique, pensent que la valorisation du français notamment par la politique éducative officielle se fait au détriment des langues locales qui restent exclues de l'école officielle. Des parents d'élèves évoquent un certain « malaise » lié à l'école mahoraise dû entre autres à la nature des rapports complexes entre la communauté mahoraise et la communauté métropolitaine, malaise que pourrait traduire le raccourci suivant : « oui au français comme un instrument pour la réussite socioéconomique, non aux valeurs exogènes qu'il véhicule ». L'instruction scolaire laïque est perçue de façon ambiguë, et l'enfant est pris dans une relation ambivalente au regard de ce que véhiculent les nouveaux apprentissages scolaires. La société mahoraise traditionnelle nourrit un scepticisme quant à l'acquisition d'un savoir scolaire non partagé, d'un mode de pensée et de modèles qui ne tiennent pas compte de l'environnement socioculturel de l'enfant mahorais.

Langues et identités à Mayotte

Coupler « langue » et « identité » est toujours un exercice périlleux tant le risque de dérapage est grand. Les mots qu'on emploie peuvent être porteurs d'excès, ceux des engagements fanatiques de tous bords. Malgré l'atteinte portée par le brassage inter-ethnique à l'homogénéité des héritages culturels, le sens de l'ethnicité renaît sans cesse de ses cendres, sous des formes nouvelles. Ces processus identitaires témoignent d'un fait certain, à savoir que l'homme a constamment besoin d'une solidarité organique qui le lie à un groupe et l'incite, dans certains cas, à nier l'autre. Dans ce texte, je propose d'analyser les rapports entre langues et identités à Mayotte en termes « d'identification » et non « d'identité », ce dernier concept ne me semble pas univoque. Pour moi, l'identité se présente moins comme une entité figée que comme un processus identificatoire dynamique et évolutif suivant des critères complexes et largement dépendant des situations d'interaction. Je m'inscris dans le courant interactionniste car il situe la problématique de l'identité dans la dialectique du Même et de l'Autre. Dès le début de notre vie, le regard de l'autre nous renvoie une image, une personnalité, des modèles culturels et des rôles sociaux que nous acceptons ou nous rejetons, mais par rapport auxquels nous ne pouvons éviter de nous déterminer. À Mayotte – mais aussi ailleurs – au sein des réseaux familiaux et sociaux, se construisent et se reconstruisent inlassablement les traits qui définissent, et par lesquels se définit, l'identité des Mêmes face à l'identité des Autres. Par interaction, il ne faut entendre seulement les interrelations personnelles, mais de manière générale, l'interaction entre le sujet et le monde qui l'entoure, c'est-à-dire les autres personnes, les groupes et notamment les structures sociales.

Dès lors comment définir l'identité des Mahorais ? Par quels traits culturels et linguistiques ? Face à quel Autre culturel et linguistique ? La question étant complexe, et faute de place, je m'en tiens à l'évocation des traits essentiels. Si je me situe sur le plan individuel, je rappelle que chaque famille éduque son enfant selon un modèle. C'est à travers des droits, des devoirs et des interdits de chaque environnement que la personnalité de l'enfant se construit. C'est l'éducation reçue de son environnement qui le rend semblable ou différent des autres. L'identité de l'enfant mahorais se construit progressivement en fonction de sa culture. Autrement dit, l'identité n'est pas innée mais se construit dans le processus de socialisation, lequel est une forme de transmission.

La culture mahoraise, bien que de tradition musulmane, est matriarcale, la mère y joue un rôle capital ; c'est elle qui veille sans cesse à l'éducation des enfants notamment des jeunes filles qui souvent demeurent à ses côtés. La mère veille aussi à la subsistance de la richesse culturelle.

En somme, chaque individu, voire chaque groupe se distingue par ses traits culturels, linguistiques, ses coutumes, ses traditions, etc. Cependant, une question se pose. Dans une île comme Mayotte où coexistent plusieurs groupes sociaux d'origine diverses, donc des cultures et des traditions différentes, la tentative de faire ressortir ce qui est « typiquement » mahorais et ce qui ne l'est pas a-t-elle un sens ? L'identité culturelle d'un Mahorais se détermine par son mode vestimentaire, nous signale une de nos interlocutrices (Laroussi, 2009 a & b). Pour elle, « une Mahoraise de souche, une Mahoraise originaire de Mayotte, s'habille en *« saluva » et « kishali* » ; deux morceaux d'étoffes qu'une Mahoraise traîne avec elle souvent et qui dégagent son image féminine ».

On le sait, l'habit ne fait pas le moine, mais nous construisons notre raisonnement sur l'identité mahoraise à partir de ce témoignage, comment distingue-t-on alors la femme mahoraise de la femme comorienne, voire de la femme zanzibarite lesquelles, toutes les deux, s'habillent comme les femmes mahoraises en *« saluva » et « kishali* » ? Si cette tenue vestimentaire constitue un trait identificatoire, ce denier exclut par exemple la française, métropolitaine, mais en aucun cas la femme comorienne. Or jamais les Mahorais ne s'identifient aux

Comoriens alors que la proximité culturelle, historique et traditionnelle entre eux est évidente et se passe de commentaire. Par ailleurs, si des étiquettes telles que « mahorité », « francité », « comorité », etc. sont à manier avec prudence car elles peuvent être porteuses d'excès, elles ne sont pas exclusives les unes des autres. Autrement dit, dans le cadre d'une identité plurielle, au sens faite d'apports multiples, le Mahorais peut revendiquer des traits français, comoriens ou autres sans renier pour autant son identité mahoraise. Si l'on s'en tient aux deux pôles, comorien et français, on constate que le problème se pose autrement. Face à l'identité comorienne, la différenciation mahoraise est de type politique que traduit le slogan, « Nous voulons rester Français pour être libres », scandé entre autres par le mouvement des *femmes chatouilleuses* qui a joué un rôle fondamental dans le processus de rattachement de Mayotte à la France. De manière générale, les Mahorais veulent délibérément se distinguer des Comoriens car ces derniers n'ont jamais accepté que Mayotte se détache d'eux. Pis, ils traitent les Mahorais de « traitres à la nation ». D'autres contentieux datant de l'époque coloniale subsistent encore entre eux mais sur lesquels, malheureusement, faute de place, je ne peux m'étendre davantage. Face à l'identité française, le problème se pose avec plus d'acuité mais en termes culturel et linguistique : la culture française, perçue comme hégémonique et dominante, menace l'existence même de la culture mahoraise.

Transmettre les langues premières, c'est perpétuer la culture mahoraise

La transmission des langues peut être conçue comme le processus qui vise à conserver dans le temps l'expérience et les connaissances des générations précédentes et qui peut englober à la fois le souhait de transmettre l'héritage culturel (passé) des générations aînées aux générations suivantes et les exigences de changement qu'impose un contexte nouveau, plus tourné sur l'avenir. Si la transmission s'avère avant tout une nécessité pour préserver les liens familiaux (la famille est entendue ici au sens large), elle constitue en même temps une opportunité pour les jeunes d'être mieux insérés dans ce contexte nouveau et différent de celui des aînés. Ce dernier est, à Mayotte, dominé par l'hégémonie de plus en plus grandissante du français, langue de l'insertion professionnelle et de la promotion sociale.

Mais les rapports entre les générations sont influencés par les représentations sociales dominantes, lesquelles, en tant que reflet de normes et de valeurs sociales, sont en construction permanente.

Par ailleurs, la transmission des langues premières à Mayotte s'explique en termes de différences intergénérationnelles. Autrement dit, la génération de plus de 40 ans, moins scolarisée, voire non scolarisée, se montre sensible quant au maintien des liens familiaux et des traditions ancestrales véhiculées essentiellement par le shimaore et le kibushi. Le discours de cette génération, laquelle, majoritairement, n'a connu que l'école coranique, met en garde contre le danger de l'assimilation et de la perte des cultures mahoraises, véhiculées par ces langues locales. Son discours contraste avec celui des jeunes générations pour lesquelles le français, étant la langue de la réussite scolaire et de la promotion sociale, est considéré comme *la* langue de l'avenir. Partant, la jeune génération valorise sa transmission aux enfants. Nos enquêtes quantitatives[1] menées dans l'île hippocampe confirment les discours des jeunes, à savoir 91% des enquêtés déclarent le transmettre à leurs enfants. Mais la situation s'avère plus complexe pour la génération de plus de 40 ans. Celle-ci semble ballottée entre deux pôles, pragmatisme et nostalgie ; d'un côté, les Mahorais âgés de plus de 40 ans semblent considérer que le français à Mayotte est désormais une réalité incontournable et un processus irréversible ; de l'autre, en

[1] L'enquête quantitative a été réalisée au lycée Younoussa Bamana (Mamoudzou) durant les années 2008 et 2009. Lors du premier séjour, une étude pilote a été menée dont le but est de vérifier la compréhension des questions et la durée nécessaire à sa passation. À la suite de cette phase, quelques questions ont été reformulées alors que d'autres, considérées comme inutiles, ont été supprimées suivant les suggestions des enquêtés. Lors de la seconde étape, 2009, nous avons décidé de distribuer le questionnaire dans tous les lycées de l'île, soit 14 lycées (7 d'enseignement général et technologique et 7 d'enseignement professionnel).

observant les pratiques langagières des jeunes, de plus en plus francophones, les aînés ont le sentiment que ces jeunes s'éloignent des traditions et cultures ancestrales. Partant, ils interprètent ces comportements langagiers comme annonciateurs de la perte de l'identité mahoraise, laquelle, à leurs yeux, ne peut être véhiculée que par les deux principales langues, le shimaore et le kibushi.

À la question « le français est-il une langue de Mayotte ? », Anouar, un paysan âgé de 62 ans, qui n'a pas été scolarisé, se montre sceptique, voire opposé à l'idée de considérer le français comme une langue de Mayotte ; il évoque la peur de perdre son identité mahoraise, voire sa religion musulmane. Pour lui, le français est glottophage, puisque la présence de la langue française entraîne une perte des langues premières qui sont plus « proches de la langue de la religion musulmane ». Il compare la scolarisation des enfants mahorais en français à un « exil » :

« Tu vois/ nous sommes des musulmans/ nos enfants à deux ans ils partent dans la langue française (...) les enfants ne sauront pas les langues locales alors que les langues locales attirent/ c'est plus proche de la langue de la religion musulmane//donc aujourd'hui/ on a supprimé les langues locales car même nous les parents on ne sait pas le danger qui nous attend mais on est content que notre fils nous emmène du // mabawa[2] ».

Ce discours, précisément l'énoncé suivant : « mais on est content que notre fils nous emmène du mabawa », est révélateur des rapports que certains Mahorais entretiennent avec le français qui, dans nombre de cas, est lié à des considérations matérielles. Bien que Anouar conçoive le français comme synonyme de richesse matérielle, symbolisée, dans sa bouche, par les ailes de poulet, il minimise cette richesse eu égard aux « dégâts » que le français provoque en termes de glottophagie entraînant, selon lui, une perte de son identité mahoraise.

Un autre segment, dans le discours d'Anouar, semble non seulement pertinent mais aussi révélateur du malaise identitaire

---

[2] Les ailes de poulet ; c'est l'alimentation de base à Mayotte

relatif à la transmission des cultures et langues locale : « nos enfants à deux ans ils partent dans la langue française ».

Anouar interprète la scolarisation des enfants mahorais en français comme un « exil », actualisé par le verbe « partir ». Mais aussi paradoxal que ce sentiment puisse être, les enfants mahorais, à l'âge de deux ans, ne partent nulle part, comme le dit Anouar, puisqu'il ne s'agit pas d'un exil au sens spatial du terme mais d'un exil au sens culturel et linguistique. À sa façon et avec ses propres mots, ce paysan mahorais exprime un sentiment d'acculturation et de perte d'identité vécu par les parents mahorais non sans souffrance. Aussi faut-il le préciser, dans certains cas, cette acculturation linguistique et culturelle provoque des effets plus dévastateurs que ce que pourrait provoquer le véritable exil. D'après ma connaissance empirique de la situation mahoraise que j'observe depuis plus de quinze ans, cette acculturation culturelle, et les sentiments de perte identitaire qu'elle entraîne, est réelle surtout chez les Mahorais âgés de plus de cinquante ans.

Par ailleurs, Anouar est sensible à la proximité des langues premières avec la langue de la religion. Partant du constat selon lequel les Mahorais sont très majoritairement de confession musulmane, même si cette langue n'est pas expressément désignée, personne ne doute qu'il s'agisse de l'arabe. Concernant la proximité de l'arabe avec le shimaore, Anouar fait allusion, probablement, à l'emprunt massif que celui-ci a fait à celui-là notamment par l'intermédiaire du swahili. De plus, puisque le débat porte sur l'arabe, en tant que langue liturgique à Mayotte, le lexique ayant trait à l'islam est presque exclusivement emprunté à l'arabe : *dini* « religion », *sharia* « droit musulman », *salamu* « salutations », *malaika* « anges », *udhu* « ablutions », etc.

Pendant longtemps, les langues premières, shimaore et kibushi, furent écrites en caractères arabes (justice cadiale, droit coutumier, chroniques mahoraise, etc.). Les Mahorais réservent le véhicule de l'identité musulmane à l'arabe, voire au shimaore compte tenu de sa proximité avec l'arabe même si l'équation « Une langue = Une identité » est une construction idéologique car, dans la réalité, une langue peut exprimer plusieurs identités et une identité peut être exprimée à travers plusieurs langues. Si, dans l'imaginaire collectif mahorais, c'est principalement l'arabe qui est vu comme la langue véhiculant la religion musulmane, et secondairement, le shimaore, le français aussi exprime l'identité musulmane comme en témoignent les nombreux Français musulmans de France et d'ailleurs. Quoi qu'il en soit, Anouar accorde une importance significative à l'identité religieuse, laquelle, à ses yeux, risque d'être sacrifiée si les langues premières n'étaient pas transmises aux enfants.

La question de la transmission des cultures et langues mahoraises se pose autrement chez les jeunes générations. Chez les Mahorais âgés de moins de 40 ans, le français est utilisé, souvent conjointement avec le shimaore ou le kibushi, au sein même de l'enceinte familiale (pratique carrément bannie chez leurs aînés). À la question « quelle langue parlez-vous avec vos enfants ? », Saindou, âgé de 35 ans, nous répond comme suit :

« les deux / le shimaore et le français mais beaucoup plus le français que le shimaore (...) pour leur faire apprendre à bien parler français (...) euh pasque ya deux raisons déjà dans le souci de / de les aider à mieux maîtriser cette langue qui est indispensable pour leurs études mais aussi euh pasque euh ils ont vécu en métropole donc ils ont-ils se sont familiarisés avec cette langue et moi j'en ai profité pour euh ».

Pour les jeunes générations, la question de la transmission des langues premières ne se pose pas dans les mêmes termes que pour leurs aînés. Autrement dit, le débat ne porte plus sur la perte (ou non) de l'identité mahoraise mais sur la maîtrise du français. L'objectif principal de cette génération de Mahorais, représentée ici par le discours de Saindou, demeure la maîtrise du français par les enfants. À leurs yeux, le français étant, à Mayotte, la langue par excellence de la promotion sociale et l'insertion professionnelle, devient « une langue indispensable » à « leurs études ». Cependant ce qui me semble pertinent à relever dans ces pratiques antagoniques, c'est l'opposition binaire entre les langues locales et le français. À mes yeux, pour la plupart des Mahorais, la transmission des langues premières s'oppose à celle du français et inversement. Or la scolarisation des enfants mahorais en français n'est pas incompatible avec la transmission des langues locales, voire avec l'apprentissage de ces mêmes langues au sein même de l'école publique et républicaine. Malheureusement, dans une France qui reste résolument jacobine et de tradition unilingue, la question de l'enseignement du shimaore et du kibushi est constamment renvoyée sine die.

Culture mahoraise vs culture française à l'aune de la départementalisation

Sans doute est-il inadéquat de vouloir opposer la culture mahoraise à la culture française. On peut admettre que la première soit une sous-partie de la seconde. Quoi qu'il en soit, sur le plan culturel et linguistique, le 101e département français diffère beaucoup des autres départements français, en particulier des départements métropolitains. Cela explique, par conséquent, la raison pour laquelle les Mahorais opposent la culture mahoraise à la culture française. Même si pour des raisons politiques relatives à la conception jacobine de la nation, le français est considéré comme la langue principale de Mayotte, il n'est pas, pour les élèves mahorais, une langue première mais une langue seconde, voire étrangère pour certains. Et cette différence avec les autres départements français est passée sous silence par les concepteurs français d'une politique éducative, fondée principalement sur le principe de l'assimilation.

Comme je l'ai montré précédemment, la problématique de la transmission des langues premières qui en découle se pose de façon différente des autres départements français. La transmission des langues est très souvent pensée par la plupart des Mahorais dans un rapport avec le français, surtout en tant que langue de l'instruction scolaire et laïque. Pour eux, l'école peut jouer un rôle négatif qui pourrait se traduire par des relations ambivalentes et des représentations stigmatisantes des cultures mahoraises. Autrement dit, à leurs yeux, l'acquisition d'un savoir scolaire non partagé, d'un mode de pensée et d'un modèle inconnu risque d'entraîner chez les enfants une dissociation, voire une rupture avec les normes culturelles traditionnelles, véhiculées essentiellement par les langues premières.

Les difficultés qu'éprouvent les enfants mahorais face à la maîtrise du français reflètent les multiples facettes de la société mahoraise et traduisent la nature des relations complexes entre communautés locale et métropolitaine. La question de la maîtrise du français se pose avec autant de complexité car elle hérite d'une situation où sévit un conflit culturel et linguistique latent entre culture locale et culture métropolitaine, entre langues premières et langue française et entre identité française et identité mahoraise que semblent traduire ces hésitations, oscillations et balancements entre deux pôles identitaires. Des stratégies souterraines de défense et préservation d'une identité mahoraise se sont mises en place parallèlement à une adhésion non moins réelle aux ouvertures culturelle et sociale offertes par le rattachement à la France.

Effectivement, la départementalisation est venue compliquer la donne. En tant que changement politique majeur, celle-ci a constitué un contexte unique propice à l'étude des inégalités liées aux rapports sociaux, de genre et d'âge dans l'île, nourries de l'histoire postcoloniale des rapports interethniques. Si l'on s'interroge sur l'impact de la départementalisation de Mayotte sur la dynamique de production, de régulation, de transformation et de perception des inégalités sociales et linguistiques, on se rend compte que cette île, caractérisée par une situation postcoloniale singulière, contrairement à ce qui est attendu, n'a pas bénéficié des effets favorables escomptés notamment des politiques éducatives et linguistiques. Les inégalités linguistiques et sociales, au lieu d'être traitées en termes de capital culturel et langagier dans un contexte de gestion de la pluralité langagière, ont été cernées dans une perspective qui ne pouvait que compliquer la donne et accroître ces mêmes inégalités. Si l'on prend, par exemple, la question des politiques migratoires au départ et vers Mayotte, on constate que la politisation de ces enjeux a augmenté les tensions existantes entre l'inclusion des Mahorais dans l'ensemble des citoyens français et la marginalisation accrue des migrants comoriens présents sur l'île et considérés comme des clandestins à expulser.

Le projet ANR INEMA[3] (Laroussi & al., 2015) a montré que la départementalisation de Mayotte ne s'est pas limitée à une évolution institutionnelle, changement de statut, mais s'est présentée comme un phénomène plus général et plus global affectant profondément l'organisation sociale, économique et politique du territoire. En ce qui concerne la construction du champ politique, la départementalisation s'est accompagnée d'un mouvement de légitimation de l'appartenance à l'ensemble national, participant ainsi de la consolidation de la langue de la République, le français. Cette appartenance à l'ensemble national s'accommode mal avec la valorisation des langues premières. En somme la départementalisation a renforcé le poids du français tout en marginalisant davantage les langues locales, marginalisation impactant négativement la transmission des langues et cultures locales.

Dans ce contexte inégalitaire, lorsque l'on interroge les Mahorais sur la transmission des langues locales, outre la question du français, est mentionnée l'école coranique, lieu où se transmet et s'acquiert la religion musulmane que les Mahorais considèrent comme une entité définitoire de l'identité mahoraise.

Bounou, une mahoraise âgée de 47 ans, considère l'école coranique comme l'institution qui véhicule la culture mahoraise, une culture banto-arabo-musulmane ; or la départementalisation accentue sa mise à l'écart renforçant ainsi la marginalisation des langues locales.

« C'est comme l'école coranique et l'école officielle on fait tout on investit tout dans l'école républicaine et l'école coranique est restée à l'écart alors et pourtant c'est l'école la première où le mahorais est arrivé à s'identifier avant qu'il vienne à l'école officielle donc il va d'abord à l'école coranique donc c'est pourquoi aussi ça aussi c'est un handicap qui fait que euh ça freine au niveau de la langue française / pasque tous les investissements qu'on fait /à l'école / et on dit toujours que le mahorais ne parle pas le français / pasque y a un un problème au fond comment on veut véhiculer cette langue française // et le

[3] La départementalisation de Mayotte : construction et traitement des inégalités sociales et linguistiques, projet ANR INEMA

mahorais lui-même / même s'il le prononce pas il le sent au fond de lui-même que cette langue-là / euh nous envahit donc / ou c'est une langue qu'on veut nous imposer en fait (…) pasque lui il attache beaucoup plus d'importance à l'école coranique que / l'école / ça c'est le problème quoi c'est le problème qu'on ne voit pas. »

Selon Bounou, le Mahorais « attache plus d'importance à l'école coranique » qu'à l'école républicaine ; elle parle « d'identification » à l'école coranique. Pour la plupart des Mahorais, l'école coranique contribue largement à la transmission de la culture mahoraise. Bien que les enseignements qu'on y prodigue soient fondés sur la récitation par cœur, ils peuvent, au moins développer chez l'élève la capacité de mémorisation sur laquelle pourrait s'appuyer l'école publique. Pour Bounou, la mise à l'écart de l'école coranique renforce les difficultés d'apprentissage du français par l'élève mahorais. Autrement dit, au lieu de s'appuyer sur les compétences acquises par l'élève à l'école coranique, l'école publique les ignore. Elle prend pour illustration l'exemple des manuels scolaires, lesquels en restant « trop imprégnés de la culture métropolitaine, n'aident pas à transmettre la culture mahoraise ».

« Je te donne un exemple par rapport aux manuels scolaires ma génération lorsque tu lis le Mamadou et Binetta ou lorsqu'on te présente l'histoire du petit poucet ou je sais pas / euh / le père Noël / tu vois tu t'identifies pas // par contre les manuels qui viennent de l'Afrique on les accaparait et même ceux qui sont aujourd'hui / ils te diront mieux vaut qu'on ait le Mamadou et Binetta (rire) tu vois. »

Bounou mentionne ici un autre aspect, d'une importance capitale dans la transmission des langues et cultures mahoraises, celui du contenu culturel véhiculé par les manuels scolaires. Josy Cassagnaud (2011), Ibrahim Soibahadine (1999), Haladi Madi (2011), Pascal Ferrié & Houlam Haladi (2011), Said Soihili (2011), pour ne citer que ces auteurs accusent l'école républicaine d'exclure les langues premières de l'école et, par conséquent, de rompre les liens qu'a l'élève avec son milieu socioculturel. Ils mettent tout particulièrement en cause les contenus des manuels scolaires qui s'adressent aux élèves mahorais comme si le français était leur langue première. Ces manuels scolaires sont, aux yeux de ces auteurs, déconnectés de la vie quotidienne dans laquelle évolue l'enfant mahorais.

Conclusion

Le 31 mars 2011 constitue l'aboutissement d'un demi-siècle de combat et de lutte, sans relâche, avec ténacité et persévérance, des Mahorais pour obtenir le statut de « département français » pour leur île. Dans ce long chemin vers la départementalisation, Mayotte aura été singulière à plus d'un titre. Française depuis 1843, soit un demi-siècle avant les trois autres îles comoriennes, contrairement à celles-ci, elle n'a pas connu le statut de protectorat puisqu'aussitôt rachetée par la France, elle était érigée en une colonie française. Mayotte est aussi singulière car contrairement à tous les mouvements de décolonisation, elle a choisi, démocratiquement, de prendre le contrepied de ce mouvement pour demeurer au sein de l'ancienne puissance coloniale.

Si donc la départementalisation constitue l'aboutissement d'une longue marche vers le droit commun, il annonce d'autres défis auxquels le nouveau département d'outre-mer devrait faire face. Ces défis sont de tous ordres social, culturel, linguistique, etc. Et c'est dans ce contexte, parfois propice au doute, que se pose avec acuité la question de la transmission des langues et cultures mahoraise. Si les Mahorais sont fiers de leur appartenance à la France, s'ils revendiquent le français en tant que langue nationale et de scolarisation, ils ne souhaitent pas que cet engagement pour la France ne se transforme par la négation de leur culture mahoraise. Le passage d'un statut à un autre doit tenir compte des spécificités de l'île et surtout ne doit pas entrevoir un bouleversement rapide et brutal dont les conséquences pourraient être catastrophiques.

Bibliographie

AHAMADI, S. (1999). *Mayotte et la France de 1841 à 1912*. La Réunion, Éditions du Baobab, Collection Mémoires.

BLANCHY-DAUREL, S. (1990). *La vie quotidienne à Mayotte*. Paris, L'Harmattan, Collection Repères pour Madagascar et l'océan Indien.

CASSAGNAUD J., (2011), « La construction identitaire à l'école : le cas de Mayotte » in Laroussi F. & Lienard F., (dir.), *Plurilinguisme, politique linguistique et éducation : quels éclairages pour Mayotte ?* Rouen, Publication des Universités de Rouen et du Havre (PURH).

FERRIE P. & HALADI H., (2011). « L'éducation partagée ou co-éducation. Une réponse aux difficultés d'apprentissage des élèves mahorais » in Laroussi F. & Lienard F., (dir.), *Plurilinguisme, politique linguistique et éducation : quels éclairages pour Mayotte ?* Rouen, Publication des Universités de Rouen et du Havre (PURH), 87-98.

FILLOL, V. et VERNAUDON J. (2004). « Les langues kanak et le français, langues d'enseignement et de culture en Nouvelle Calédonie : d'un compromis à un bilinguisme équilibré ? » in *ELA, 133,* 55-67.

GRANDGUILLAUME, G. (2009). Langue maternelle et langue d'enseignement : comment les concilier ? in F. Laroussi (dir.), *Langues, identités et insularité. Regards sur Mayotte*, Publication des Universités de Rouen et du Havre (PURH), 107-115.

LAROUSSI, F. (2009a) (dir.), *Mayotte, une île plurilingue en mutation*. La Réunion, Éditions du Baobab.

(2009b) (dir.), *Langues, identités et insularité. Regards sur Mayotte*, Publication des Universités de Rouen et du Havre (PURH).

LAROUSSI, F. et LIÉNARD F. (2013) (dir.), *Language Policy, Education and Multilingualism in Mayotte*. Limoges, Lambert-Lucas.

LAROUSSI, F. et LIENARD, F. (2011) (dir.). *Plurilinguisme, politique linguistique et éducation. Quels éclairages pour Mayotte ?* Rouen, Publication des Universités de Rouen et du Havre (PURH).

LAUNEY, M. (2010). Que faire d'intelligent avec les langues maternelles ? Dans F. Laroussi et F. Liénard, F. (dir.), *Plurilinguisme, politique linguistique et éducation. Quels éclairages pour Mayotte ?* Rouen, Publication des Universités de Rouen et du Havre (PURH), 277-296.

MADI, H., (2011), « La diversité des langues à Mayotte et les problèmes scolaires consécutifs » in Laroussi F. & Lienard F., (dir.*), Plurilinguisme, politique linguistique et éducation : quels éclairages pour Mayotte ?* Rouen, Publication des Universités de Rouen et du Havre (PURH), 121-128

SOIBAHADINE I., (1999), *L'enfant mahorais.* Edition du Centre de documentation pédagogique de Mayotte.

SOIHILI S., (2011), « La langue française dans l'archipel des Comores : statut, usage et pratiques de langue » in Laroussi F. & Lienard F., (dir.*), Plurilinguisme, politique linguistique et éducation : quels éclairages pour Mayotte ?* Rouen, Publication des Universités de Rouen et du Havre (PURH), 175-188.

Transmettre sa judéité en Outre-mer

D'une histoire familiale à une identité collective à La Réunion

Par Mélanie Place-Mezzapesa

Chercheur associé à DySoLaB - Université de Rouen

« Zakhor[1] » et « Shmor[2] » sont deux injonctions clés dans la tradition juive qui imposent au judaïsme traditionnel et à ses pratiquants un apprentissage des rites, des préceptes et des lois, afin que la mémoire collective soit transmise de générations en générations[3]. Pour les Juifs, transmettre signifie « livrer les clefs de rites et de paroles dont les références symboliques sont ancrées dans la Torah » (Hoog, 2001, p.88).

Cet article fait suite à un cycle de conférences sur la transmission, durant lequel j'ai eu l'occasion de présenter à un public polynésien mes travaux de recherche sur la Communauté juive de La Réunion effectués en 2011 et publiés en 2018[4].

---

[1] « Souviens-toi ».

[2] « Observe, garde ».

[3] Anne Hélène Hoog., « Le judaïsme d'une génération à l'autre », *Les cahiers de médiologie*, vol. 11, no. 1, 2001, p. 88.

[4] Mélanie Mezzapesa., *Juifs à La Réunion. Vivre sa judéité dans un espace créole de l'océan Indien.* Paris : L'Harmattan. 2018.

Ceci m'a permis de mettre en perspective mon étude du judaïsme à La Réunion avec l'étude de Pénélope Tahutini sur la communauté juive de Tahiti (Tahutini, 2015). Cette communication englobe aussi des enquêtes qui ont été réalisées entre 2011 et 2017, complétant ainsi mon propre travail puisque j'ai continué à fréquenter la communauté juive, notamment durant les fêtes religieuses communautaires et autres évènements familiaux que j'ai pu vivre avec certaines personnes de la communauté, devenus des amis depuis. Ceci m'a permis de mettre en perspective ce que le rabbin Partouche - rabbin missionnaire de courant Habad-Loubavitch[5] - m'a expliqué lors d'une de ces visites à La Réunion : « la communauté de Tahiti, qui est encore plus loin, est mieux organisée que celle de La Réunion malgré la distance d'avec Paris. Ceci est dû à un certain nombre de choses qui manquent pour une communauté »[6].

Bien que le ministre officiant de La Réunion m'ait dit « mais pourquoi faire une recherche sur nous, on est à Juif à La Réunion comme on l'est à New York ou à Londres »[7], j'ai pu relever, au travers de cette analyse comparative en milieu insulaire, quelques différences et convergences entre ces communautés dans le temps et dans l'espace.

Dans mon travail, je me suis donc intéressée à la manière dont les personnes de confession juive vivaient et exprimaient leur judéité à La Réunion. Pénélope Tahutini, quant à elle, s'est questionnée sur l'intégration de la communauté juive à Tahiti au travers d'un travail historique sur la création et la structuration de la communauté dont elle est originaire.

Quoi qu'il en soit, des éléments concernant la transmission de la religion, de l'identité, de l'histoire juive sont abordés dans ces deux travaux, dans ce contexte insulaire bien spécifique : l'un à La Réunion, terre de créolisation culturelle, cultuelle et ethnique ; l'autre à Tahiti, terre de culture polynésienne. Deux

[5] Mouvement issu du Hassidisme, un mouvement populaire de renouveau religieux fondé au 18è s.
[6] Extrait d'un entretien réalisé en 2010 avec le rabbin Partouche.
[7] Extrait d'un entretien réalisé en novembre 2010 avec le ministre officiant.

espaces d'Outre-mer différents mais communs : insulaires, pluricultuels et pluriculturels.

La Réunion et La Polynésie française, deux terres multiculturelles et multicultuelles spécifiques

L'île de La Réunion est un département français d'Outre-mer de l'océan indien. Une île créole multiculturelle, dont l'histoire et sa population est marquée par les différentes politiques coloniales où les rapports dominants/dominés structuraient la vie sociale. Issue de transplantations humaines en provenance d'Afrique, de Madagascar, d'Europe, d'Inde, de Chine, la population réunionnaise est au carrefour de différentes traditions, religiosités et modes de vie. Cette pluralité cultuelle et culturelle, issue de ces interactions humaines, sociales, langagières complexes, a créé ce métissage si spécifique de La Réunion que l'on nomme *la créolisation.*

Dans un tout autre contexte océanien - linguistique, ethnique, cultuel, culturel et politique - la Polynésie française est également un territoire pluricultuel et pluriculturel français d'Outre-mer. Non marquée par la période esclavagiste comme l'a pu l'être La Réunion, la Polynésie française reste toutefois un territoire postcolonial dans lequel la population doit s'accommoder entre culture polynésienne qu'il faut se réapproprier et modèle métropolitain qu'il faut appliquer.

C'est dans ces deux territoires insulaires francophones que je me suis intéressée à la minorité juive qui y vit. Numériquement et de composition proche – 150 adhérents en 2011 à Tahiti, ce chiffre est similaire à l'île de La Réunion (l'association *La Communauté juive de La Réunion* déclare compter 175 familles adhérentes en 2011). Pour les deux territoires, ces familles juives sont essentiellement *sefarades* et proviennent majoritairement des pays du Maghreb suite à leur indépendance.

Dans son travail de mémoire, Pénélope Tahutini explique que le premier Israélite à marquer la Polynésie par son arrivée est l'anglais Alexandre Salmon en 1841. Dès l'année suivante, il épouse Ariioehau « cousine et sœur d'adoption de la Reine

Pomare IV et petite-fille du grand chef Tati »[8]. Par la suite, d'autres Juifs arrivent et s'installent à Tahiti tels qu'Alexandre Jérusalémy, qui arrive à Tahiti en 1864 en tant que « trésorier payeur nommé par l'administration française »[9].

De mémoire, le premier Juif s'étant installé à La Réunion date d'avant la seconde guerre mondiale. Son neveu l'a rejoint par bateau en 1959[10]. Mais c'est surtout dans les années 1970, dans un contexte post-départementalisation et avec l'arrivée de nombreux fonctionnaires métropolitains, que sont arrivés les premiers Juifs à La Réunion. Ces derniers se sont regroupés de manière irrégulière et peu développée en essayant de pérenniser leurs traditions au travers des fêtes communautaires et du *shabbat*. C'est également dans un contexte de développement socio-économique que les Juifs sont arrivés de manière plus massive à Tahiti, avec la création du Centre d'Expérimentation du Pacifique (CEP)[11] en 1960 (qui amena également de nombreux militaires et fonctionnaires en provenance de France métropolitaine).

En effet, les raisons professionnelles expliquent la seconde vague de leur arrivée : mutations de fonctionnaires, d'enseignants, de militaires séjournant pour des durées variables (courte ou longue, prolongement…). Certains rejoignent ces îles pour retrouver quelqu'un de manière temporaire ou définitive, ou investir dans des projets de nature commerciale ou entrepreneuriale. La différence notable dans ces deux travaux est que le goût de l'aventure est plus prononcé pour les populations juives à Tahiti qu'à La Réunion, où certains interlocuteurs déclarent avoir éprouvé le besoin de quitter le climat insécuritaire et antisémite de la France métropolitaine de l'époque.

Concernant les unions entre Juifs et non-Juifs, le constat entre Tahiti et La Réunion sur la période contemporaine (2011 et 2015) s'avère différent. Les mariages exogames semblent être plus nombreux à Tahiti qu'à La Réunion, du moins pour les familles

---

[8] Dans Pénélope Tahutini, 2015, p.7
[9] *Ibid*, p.8
[10] Dans Mélanie Mezzapesa, 2018, p.35
[11] *Ibid.* p.8

qui fréquentent la synagogue. Toutefois, ces données sont à relativiser dans le sens où toutes les familles ne se sont pas fait connaître dans mon enquête, et qu'apparaissent dans ce petit corpus (14 individus) les personnes ayant le plus fréquenté la synagogue[12]. Les célibataires, notamment les hommes, sont aussi présents dans ces deux communautés insulaires. Bref, ce qui est important à retenir dans nos deux travaux, c'est que les couples mixtes créés le sont avec des Réunionnais(es) et des Tahitiens (es), apportant à notre étude un point d'éclairage intéressant sur l'intégration et la transmission (cultuelle et culturelle) de ces Juifs et de leurs enfants dans la société d'accueil.

Culture, transmission et modernité : un triptyque avéré

Inscrivant mon travail antérieur dans une nouvelle perspective comparatiste, je me suis interrogée sur ce triptyque « culture, transmission et modernité ». Bien sûr, la question de la transmission de la judéité à La Réunion et l'héritage qui découlait de cette volonté de transmission identitaire en contexte ultra-marin me servaient de fils conducteurs.

Puis, entre le moment de ma recherche et sa publication, un certain nombre de choses concernant cet héritage juif s'était déroulé, et encore plus au moment où ces quelques lignes sont partagées. Déjà, l'association Communauté juive de La Réunion[13] s'est agrandie et s'est dotée d'un lieu de culte plus grand, lui permettant ainsi de faire les offices de manière collective, plus régulière et dans de meilleures conditions. De plus, ces questions de culture, de transmission, de modernité, de constructions identitaires dans la mondialisation ne cessent d'être questionnées et alimentées en sciences sociales aujourd'hui (Amselle, 1990, Appadurai, 2001, Dubar, 2010). On constate ainsi que plus la mondialisation des flux, de la communication et des échanges est présente, plus ces questions culturelles et identitaires font sens pour leur préservation et leur transmission.

[12] Édifice des Juifs dans lequel se déroulent les prières, les fêtes et les enseignements religieux.
[13] Nom que porte l'association cultuelle (CJR).

Il s'agit avant tout de valoriser les identités (Wolton, 2010) ou du moins l'identité, qu'elle soit collective ou individuelle, dans un monde ou l'uniformisation engendre la croissance du particularisme (Wolton, 2009).

La transmission concerne ce processus du passage, « faire passer quelque chose à quelqu'un » (Treps, 2000 : 362, cité par Berliner, 2010, p.4). Ainsi, de nombreuses notions émergent de ces questionnements sur la transmission et qui concernent l'éducation, l'héritage, les savoir-faire et les savoir-être, les reproductions de modes de vie, les reterritorialisations (Anakesa Kululuka, 2016). Car cette transmission est « comme un rhizome et une sorte de cordon ombilical » (*Ibid.*, 2016, p.2). Elle est avant tout une manière - symbolique, physique - de recevoir de ses ascendants, d'en profiter puis de l'offrir à sa descendance. La transmission concerne l'enjeu de préservation, et son rapport à l'altérité. C'est donc penser l'autre dans la sauvegarde de quelque chose, à la fois individuel et collectif (*Ibid.*, 2016).

Ainsi, je me suis questionnée sur la manière dont les familles juives pourraient transmettre quotidiennement leurs traditions, leur religion, leur judéité, leur culture en contexte migratoire (créole ou tahitien), de manière individuelle, familiale et collective. Notamment pour ces couples mixtes où ces questions de transmission – surtout lorsque la mère est non-juive – interrogent le quotidien (pratique de la cacherout[14], du shabbat[15], des prières, des rites…) mais aussi l'inscription dans la communauté de manière collective (fréquentation de la synagogue, courant religieux dominant ou non de celle-ci, acceptation par les autres des enfants issus des couples mixtes, des convertis libéraux dans le minyan[16]…).

C'est ainsi que dans le développement et la constitution de la Communauté juive de La Réunion et celle de Tahiti (ACISPO[17]),

---

[14] Lois de l'alimentation juive.
[15] Jour de repos des Juifs.
[16] « Nombre ». C'est l'assemblée de prière des dix hommes ayant au moins atteint leur majorité religieuse.
[17] Association Culturelle des Israélites et des Sympathisants de Polynésie française

de nombreux éléments rapprochent les deux synagogues, notamment en ce qui concerne le courant religieux dominant – car celui-ci ne doit pas être trop rigoureux si la communauté souhaite recevoir des fidèles, mais aussi en ce qui concerne le choix du lieu d'implantation d'une synagogue. La synagogue est en effet le lieu de transmission de l'identité et de la culture juive, autant d'un point de vue individuel que collectif, par les moments de prières, d'instruction et de rites qui peuvent s'y dérouler. Ce qui est également concordant pour ces deux communautés, c'est l'historicité de création de leur synagogue respective même si l'espace-temps qui les définit est différent.

En effet, c'est l'envie de se réunir et de s'organiser autour de la religion qui marque cette création communautaire. Cette communauté se déclare ensuite autour d'une association pour s'institutionnaliser et trouver un lieu de culte – soit par un habitat mis à disposition par un des membres, soit par la location d'une maison ou d'un appartement. Cependant, soumis par des envies de mieux s'organiser et de se développer pour faire face à la croissance des membres et à leurs besoins, ces lieux apparaissent vite désuets. Ainsi, c'est dans les années 1990 que les Juifs de Tahiti réussissent à investir dans un terrain par une donation et à construire leur synagogue – avec tous les équipements nécessaires à une vie religieuse juive plus pratiquante – notamment dans la ville de Papeete - permettant ainsi aux membres de s'installer aux alentours et de venir à pied pour le shabbat (Tahutini, 2015). Durant ces mêmes années, bien qu'aussi « ancienne » dans sa construction, la Communauté juive de La Réunion n'est pas aussi organisée et solide. Le lieu de culte ne leur appartient pas, et il leur est difficile de réunir des hommes pour le *minyan*. De plus, ce même lieu de culte s'effondra au début des années 2000, les obligeant à trouver un autre lieu plus exigu et moins propice pour une vie juive collective. Durant de nombreuses années, cette communauté va devoir s'adapter et s'organiser avec les institutions pour trouver d'autres lieux qu'un petit appartement pour les fêtes collectives. Bien souvent, les grandes fêtes du calendrier juif sont organisées en petit comité à la synagogue, ou de manière familiale ou entre amis au domicile de l'hôte. En lisant le travail de Pénélope Tahutini, je me suis ainsi aperçue des différences qu'il pouvait y avoir entre ces deux communautés juives insulaires, me rappelant l'explication du rabbin Partouche en 2011 sur l'organisation et la solidité des liens entre les Juifs à Tahiti, ce qui n'était pas le cas de ceux de La Réunion la même année.

Cette question de transmission est donc au centre d'une organisation communautaire construite et organisée. Une transmission qui se renouvelle par le respect et la réitération des traditions, des actes, des gestes, des rites... La transmission de la culture juive est donc au cœur de stratégies identitaires individuelles et collectives.

Une transmission culturelle familiale : quand la mixité s'invite dans la notion de famille et d'identité juive

Pour les Juifs, la circoncision ou *berit milah*[18] est le premier rite « obligatoire » qui inscrit le petit garçon dans la communauté juive. Un rite qui n'est pas individuel mais bien collectif. Ce rite transmet une identité, qui s'inscrit dans « la chair » de l'enfant. Lequel sera ainsi amené à pérenniser le judaïsme. Le « couper pour unir » apparaît donc comme un des éléments le plus constitutif de l'identité juive car c'est une transmission générationnelle (D. Horvilleur).

Initialement réalisé au huitième jour après la naissance du nouveau-né, il arrive que pour des raisons de santé (enfant prématuré, maladie…), cette circoncision se déroule plus tard, comme décrit dans l'exemple ci-dessous.

Un mois et demi après la naissance prématurée de son fils et après accord du rabbin et des médecins, Caroline peut enfin faire la *berit milah* de son premier né « ça y'est, il dépasse enfin les trois kilos ». Cette cérémonie - une des rares que la communauté ait l'occasion de réaliser - est inédite. En effet, nous sommes tous

[18] *Berit* signifie alliance et *milah* – coupure – en hébreu. C'est donc « l'alliance de la circoncision » in Alan Unterman, *Dictionnaire du judaïsme : histoire, mythes et tradition,* p.76. Cette notion de coupure et d'alliance se trouve à la fois dans la Genèse et dans le Lévitique.

attendus dans les hauts de La Possession, au lieu-dit *Dos d'Âne*, dernier village avant le célèbre cirque de Mafate. Point de départ de nombreuses randonnées, ce village est l'ultime endroit où il est possible de déposer sa voiture avant de pénétrer dans ce cirque sauvage où seule la marche à pied est possible pour rallier les différents hameaux qui le composent.

C'est donc au fond d'une impasse rocailleuse, après avoir descendu une des seules rues de ce village que je découvre la maison de Caroline, la dernière d'un groupement de maisons neuves. Celle-ci est en travaux, avec des parpaings et des graviers dans la cour. Un grand mur de végétation - des chouchous[19] - recouvre le mur de soutènement devant la maison. L'endroit est calme. J'ose pénétrer dans l'entrée de ce lieu qui semble habité mais désert. Un grand monsieur grisonnant, que je ne connais pas, s'approche de moi. Je me demande si je suis bien dans la bonne demeure au final ?

Quelques secondes plus tard, un petit bout de femme, avec un bébé dans les bras, vient à ma rencontre. Cela faisait plusieurs mois que je n'avais pas vu Caroline, et le soleil qui éblouit la pièce m'empêche de la reconnaître de prime abord. Et puis, je n'avais appris sa grossesse-accouchement que quelques jours avant, lors de l'invitation à la *berit milah.*

En pénétrant dans la maison, je suis subjuguée par la luminosité de la maison. Épurée, sans réellement de meubles car en plein déménagement, les murs ne sont pas peints, la cuisine en cours de finition, mais on distingue un petit canapé en fer forgé blanc contre le mur avec une chaise noire installée sur une estrade recouverte d'un tissu bleu. Quelques tables et chaises en plastiques sont installées de l'autre côté de la pièce, et sont réservées au buffet qui sera ensuite servi. Sur les tables, la décoration est sobre et les fleurs utilisées sont celles des chouchous de leur jardin. Caroline s'excuse des travaux non terminés de sa maison, surtout avec le bébé en avance « tout s'est fait en même temps : la naissance, le déménagement et les travaux !! ».

---

[19] Christophine.

Au fur et à mesure les invités arrivent. Beaucoup sont des amis de la communauté juive de la Réunion, tandis que certains sont des membres de la famille de son mari. Son mari est un *yab*[20], c'est-à-dire un Réunionnais blanc de confession catholique. Mariés civilement, le couple a fait le choix d'élever leurs enfants dans la religion juive. Car Caroline l'est, même si ses parents, juifs tous les deux et présents à cet événement, « sont beaucoup moins croyants et moins pratiquants que moi ».

Dans la chambre d'amis, le *mohel*[21], arrivé au petit matin par le premier avion, se prépare. Il repartira par l'avion de ce soir. Sa venue et sa rémunération sont entièrement prises en charge par la famille qui le sollicite (Mezzapesa, 2018). Caroline est contente mais stressée et fatiguée. Certaines affaires qu'elle avait commandées par Internet (nécessaires à cet événement) ne sont pas arrivées. Tant pis, la solidarité est là, et une des personnes de la communauté, qui avait elle aussi fait circoncire son fils à La Réunion quatorze ans auparavant apporte le coussin sur lequel l'enfant sera posé.

La cérémonie commence par des poèmes liturgiques racontant l'alliance des Hommes avec Dieu qui sont récités par les hommes. Ceux-ci sont revêtus du *talitt*[22] et de la *kippa*[23]. L'arrivée du bébé dans une belle tenue blanche dans les bras de sa mère est accompagnée par les *youyous* des femmes. L'enfant est donné au *mohel* par sa mère, qui le dépose ainsi sur le coussin qui est posé sur les genoux de son *sandack*[24] (son parrain). Les chants et les bénédictions continuent. Au fur et à mesure, les hommes se regroupent en demi-cercle autour du bébé. Les femmes demeurent derrière les hommes. La mère et la grand-mère de l'enfant se placent sur le côté du canapé, derrière le *sandack.* Souvent, les mères préfèrent ne pas y assister, et sont

---

[20] Petit blanc des hauts de La Réunion.

[21] Personne chargée de la circoncision dans le judaïsme.

[22] Châle rectangulaire à franges que les hommes juifs portent lors de certaines prières.

[23] Calotte traditionnellement portée par les hommes juifs.

[24] Personne choisie par les parents pour tenir l'enfant sur ses genoux lors du rite. Cette nomination est un honneur pour la personne et la famille car il a la position d'un guide pour cet enfant.

dans une autre pièce. Caroline préfère être présente même si « bon, ce n'est pas évident quand même, on verse sa larme ». En effet, outre l'angoisse que cet acte peut être raté, celui-ci marque symboliquement la séparation entre la mère et l'enfant – après neuf mois de moments fusionnels et sept jours de découverte - puisqu'en ôtant le prépuce, la circoncision marque l'entrée de l'enfant masculin dans la communauté d'Israël. Cet enfant *n'appartient plus* à sa mère mais devient un membre de la communauté à laquelle il appartient désormais : celle des enfants d'Israël, des Juifs, dans laquelle il va progressivement s'inscrire dans ce projet collectif.

Les chants s'arrêtent et le *mohel* demande au père s'il a l'autorisation de circoncire le bébé[25]. Le père donne son accord et la cérémonie rituelle suit son cours. Un morceau de sucre – un canard – est tamponné délicatement sur la bouche de l'enfant : « Normalement, ce petit bout de sucre légèrement humidifié par du vin permet à l'enfant de ne rien sentir. Ça va le calmer, tu vas voir ». Le *mohel* prie, se concentre et les hommes continuent de chanter. Caroline et sa mère regardent le déroulement de la cérémonie tandis que certaines femmes se retournent. Cela m'indique que le *mohel* est en train d'effectuer la circoncision. Surprise générale, le bébé ne pleure pas, seul un petit couinement apparaît lorsque la salle est silencieuse. On lit le soulagement sur le visage de Caroline lorsque les *youyous* des femmes retentissent dans le salon. Le *mohel* termine les premiers soins, puis tend le bébé vers sa maman. Les dernières prières sont effectuées, du clou de girofle est distribué dans l'assemblée tandis que le moment du *quidouch*[26] permet aux parents de nommer publiquement (enfin) leur bébé. En effet, il est de coutume de ne nommer le bébé qu'après la *berit milah* (Mezzapesa, 2018). Cette nomination est aussi importante que l'acte de circoncire car elle permet de donner une identité et un

[25] Dans la tradition religieuse juive, et pour faire suite à l'acte institué par Abraham, c'est au père de circoncire son fils. S'il ne peut le faire, c'est une autre personne qui l'exécute.

[26] « Sanctification », prière récitée lors du *shabbat* et les jours de fête à l'aide d'une coupe de vin dans l'objectif de sanctifier la journée.

sens dans le lignage et l'héritage collectif[27]. Cette nomination tient une place centrale dans la tradition juive.

Dans le cas présenté ici, seuls quelques parents et autres intimes connaissaient préalablement le prénom de l'enfant « faut dire qu'on a attendu plus d'un mois et demi pour faire la cérémonie, ça allait être compliqué pour préserver au maximum la tradition. De toute façon, il fallait bien le déclarer à l'état civil ». Les chants et bénédictions se poursuivent, et sous les applaudissements et autres acclamations, on félicite chacun son tour les parents.

Tandis que Caroline repart tranquillement allaiter son bébé et se reposer un peu, le buffet est ouvert par son mari et ses parents. Les plats ont été préparés par la famille de Caroline mais aussi commandés chez le traiteur juif de la communauté : oranges à la cannelle, charcuterie *cacher,* taboulé, tartelettes à la tomate… La journée se conclue par la traditionnelle photo de groupe « Mince, on aurait dû faire venir *Visu*[28], c'est pas tous les jours qu'il y a une *berit milah* à Dos d'âne. Les voisins, ils ont quand même dû avoir peur avec tous ses *youyous ».*

Bien qu'isolé dans ce contexte insulaire spécifique, le petit village de *Dos d'Âne* a accueilli une des rares circoncisions de La Réunion. Comme pour les autres, ce rite demande de l'organisation en amont et un investissement financier pour la famille, car elle doit prendre en charge le voyage, l'hébergement du rabbin le cas échéant, en plus de sa rémunération. De plus, c'est également au reste de la famille du fêté de se déplacer. Ainsi, dans ce contexte insulaire spécifique, c'est une partie de la communauté juive de La Réunion présente qui se substitue à la famille si celle-ci ne peut être présente. Dans tous les cas, cet aspect communautaire est d'une grande importance pour les Juifs.

Une transmission culturelle collective : le lieu de culte comme vecteur et garant de cette transmission

Lors de mon terrain en 2010-2011, les différents entretiens réalisés auprès des personnes de la communauté m'avaient

---

[27] Prénom juif ou non, prénom d'un être décédé (*ashkénaze*) ou d'un parent encore vivant (*séfarade).*

[28] Journal *people* local.

permis de distinguer trois éléments nécessaires à la pérennisation de la Communauté juive de La Réunion : « un rabbin, socle d'une 'communauté' et qui fait le lien entre les Juifs ; l'unité entre ses membres engendrée par le rabbin ; et enfin, un lieu de culte propre » [29]. Huit ans plus tard, ces trois objectifs sont atteints voire dépassés.

Après un parcours de création qui se rapproche de celui de Tahiti, la Communauté juive de La Réunion a enfin un lieu de culte propre même si celui-ci n'est pas la propriété de la Communauté, contrairement à Tahiti depuis 1993 (Tahutini, 2015). Cependant, le caractère itinérant de la Communauté à La Réunion commence dès les années 1970, soit dix ans avant celle de Tahiti[30].

C'est en septembre 2015 que les premières fêtes communautaires sont réalisées dans le nouveau lieu de culte. Cet espace se situe au centre-ville de Saint-Denis et est mis à disposition par le Département de La Réunion. Ce nouveau bâtiment est grand et se compose de plusieurs ailes. Il est ainsi plus propice à une vie religieuse et culturelle. Cet objectif était dans la profession de foi du président de l'association depuis de nombreuses années. En effet, un de ses objectifs était de créer un centre culturel et cultuel juif sur le territoire, avec toutes les infrastructures nécessaires à la communauté et la présence d'un rabbin.

Force est de constater également, qu'après des années de travaux et de rénovations, le Centre Communautaire Neve Chalom est inauguré en septembre 2018 en présence des représentants de la ville de Saint-Denis et du Département. Ce nouveau lieu de culte comprend désormais une grande salle de prière pour les hommes, une plus petite pour les femmes, une épicerie plus grande et mieux organisée, une cuisine, une chambre de passage, un miqvhe[31], une salle commune, une bibliothèque, un espace extérieur, des toilettes. La Communauté envisage même de proposer un snack cacher rapide et qui serait tenu par le rabbin. D'ailleurs, ce dernier est arrivé l'année d'avant avec sa femme et ses enfants afin de

---

[29] Mélanie Mezzapesa (2018).

[30] Pourtant, c'est près de 20 ans plus tard que celle-ci devient propriétaire, après des années de location.

[31] « amas d'eau ». C'est le bain rituel.

contribuer au renforcement et au développement de la communauté. Issu du mouvement Habad-Loubavitch – mouvement de tradition orthodoxe et missionnaire – ce jeune couple dynamique est formé à la gestion des communautés mixtes, comme peut l'être celle de La Réunion.

Attendus avec beaucoup d'espoir, le bilan est plutôt positif après une année de fonctionnement. Si ce nouveau lieu de culte a mis plusieurs années à se restructurer, sa situation géographique et sa grandeur ont permis le renouveau de la communauté. Contrairement à ce qu'elle a pu connaître lorsqu'elle occupait un petit appartement, les offices du shabbat sont pleins, avec deux ou trois fois le minyan. De plus, les fêtes communautaires de grandes ampleurs telles que Yom Kippour[32] ou Soukkot[33] peuvent se faire désormais au sein même de la communauté, et non plus en comité restreint familial. Les rites – berit milah, bar mitsavh – sont également réalisés au centre, et il n'est plus nécessaire pour les familles de louer un autre lieu.

Le miqveh, pièce la plus importante de la synagogue pour les Juifs, permet ainsi la réalisation des rites de purification nécessaires pour les femmes, mais aussi pour les hommes avant le traditionnel shabbat.

Est-ce que ces moments collectifs de prières et de rites, ces temps de fêtes, de cuisine et de repas sont nécessaires à la transmission d'une identité juive ? Certes capitaux, mais sont-ils pour autant suffisants ? D'autant plus qu'à La Réunion, le contexte insulaire créole est marqué par une forte mobilité des personnes qui composent la communauté malgré les mariages mixtes avec des Réunionnais(es) et un noyau dur de résidents.

À La Réunion comme à Tahiti, l'obtention d'un lieu de culte dédié - la synagogue - par achat, don ou mise à disposition, a permis aux communautés de s'implanter dans le temps et dans l'espace du territoire en question, et d'envisager des projets sur

---

[32] « Jour du Grand pardon ». Jour le plus saint du calendrier juif qui clôt les dix jours de pénitences durant lesquels les Juifs demandent pardon pour leurs erreurs.
[33] « Fête des cabanes »

du plus long terme. La mise en place des cours de Talmud Torah, de manière régulière - même sur une période limitée - a permis l'enseignement des savoirs et des rites. Car le Talmud Torah est une des premières manifestations du devoir de transmettre et rappelle l'alliance sinaïtique conclue entre Dieu et les Hommes lors du don de la Torah (Hoog, 2001), rappelé par le Shema Israël[34]. D'ailleurs, le premier objet de cette transmission est la Torah elle-même (ibid). La question de la transmission au sein des mariages mixtes se pose également dans les deux communautés. En effet, la réappropriation de la religion, de la culture et des rites juifs s'effectue par les enfants ou les petits-enfants après des décennies de rupture dans la famille. Une rupture qui a pu être causée lors de la Seconde Guerre mondiale, ou par le choix d'un des membres de ne plus pratiquer. Les générations suivantes sont alors dans une quête identitaire et de transmission qui implique (ou non) une reconversion.

L'installation du rabbin à la synagogue de La Réunion a permis de créer ce lien qui pouvait manquer à la communauté, malgré le travail remarquable des bénévoles pour faire vivre la vie juive à La Réunion. L'association de ces éléments - lieu de culte, rabbin, développement d'activités éducatives, communautaires et religieuses - a dynamisé la communauté et a apporté un vent nouveau à ces projets. Cela a aussi permis de réorganiser la manière de vivre sa judéité à La Réunion, puisqu'un certain nombre de personnes ont pu louer ou investir dans un appartement proche de la synagogue, tout comme les Juifs de Tahiti ont pu le faire après l'inauguration de la synagogue à Papeete.

Ainsi, si certains prenaient auparavant la voiture pour aller à la synagogue, ou ne venaient pas, ces derniers ont pu devenir

[34] « Écoute Israël : l'Éternel est notre Dieu, l'Éternel est un ! Tu aimeras l'Éternel, ton Dieu de tout ton cœur, de toute ton âme et de tout ton pouvoir. Ces devoirs que je t'impose aujourd'hui seront gravés dans ton cœur. Tu les inculqueras à tes enfants et tu t'en entretiendras, soit dans ta maison, soit en voyage, soit en te couchant et en te levant. Tu les attacheras comme symbole sur ton bras, et les porteras en fronteau entre tes yeux. Tu les inscriras sur les poteaux de ta maison et sur tes portes ». Deutéronome, 6, 4-9 dans Hoog, Anne Hélène, 2001.

shomer shabbat[35] et réaliser pleinement leur shabbat et les fêtes telles qu'imposées par les règles du Talmud[36].

Dans les conclusions de nos travaux respectifs, Pénélope Tahutini et moi-même proposions d'élargir nos travaux de recherches au-delà de nos territoires d'enquêtes. D'un côté, il s'agissait de s'intéresser à la construction d'une identité juive (ou des identités juives) dans le triangle polynésien. D'un autre côté, il s'agissait de s'intéresser à cette même thématique dans d'autres territoires créolophones de la zone propre à l'océan indien. L'idée commune sous-jacente étant de voir de quelles manières et dans quelles mesures les jeunes générations, métissées, vivent leur judéité dans ces contextes interculturels et intercultuels propres, et qui font également partie d'un ensemble interculturel et intercultuel encore plus vaste ? Quels sont les éléments de l'identité juive qui se « troquent » face à ces métissages ? Quels sont ceux qui restent au contraire transversaux ? Des futures études pourront sans doute répondre à ces différentes questions.

Bibliographie

AMSELLE, J.L. (1990). *Logiques métisses. Anthropologie de l'identité en Afrique et ailleurs.* Paris : Payot.

ANAKESA KULULUKA, A. (2016), « Transmission culturelle: une réalité vitale humaine et sociale en Martinique? » « Thème et variations ». Cultures-Kairos, MSH.

APPADURAI, A. (2001). *Après le colonialisme. Les conséquences culturelles de la globalisation.* Paris : Payot.

BERLINER D. (2010). « Anthropologie et transmission », *Terrain, (n° 55)*, p. 4-19.

CHORON-BAIX, C. (2000) « Transmettre et perpétuer aujourd'hui » (introduction au numéro), *Ethnologie française,* Presses Universitaires de France, p.357-360

---

35 Personne très religieuse qui respecte scrupuleusement les *mitsvot* (commandements), notamment celles du *shabbat.*

36 Corpus des enseignements

DUBAR, C. (2010). *La crise des identités: L'interprétation d'une mutation.* Paris cedex 14, France: Presses Universitaires de France.

HOOG, A.H. (2001). « Le judaïsme d'une génération à l'autre », *Les cahiers de médiologie, vol. 11, (n°1)*, p. 88-95.

MEZZAPESA, M. (2018). *Juifs à La Réunion. Vivre sa judéité dans un espace créole de l'océan Indien.* Paris : L'Harmattan.

MICHEL, K. (2012). « Rite et famille juive : un retour différencié à la pratique, la transmission inversée », *Union nationale des associations familiales,* coll. Recherches familiales , (n°9), 2012/1, p.61 à 69.

SIMON-BAROUH, I. (2009) *Juifs à Rennes* : étude ethnosociologique. Paris : L'Harmattan.

TARDIF, Jean. (2008). « Mondialisation et culture : un nouvel écosystème symbolique », *Questions de communication*, (n°13).

TAHUTINI, P. (2015). *La Communauté juive de Tahiti : installation, structuration, intégration (1841-2015).* Mémoire de Master 2 de recherche. Université de Polynésie française.

WOLTON, D. (2009). *McLuhan ne répond plus. Communiquer c'est cohabiter.* Entretien avec Stéphane Paoli et Jean Viard. Éditions de l'Aube.

(2010), « Mondialisation, diversité culturelle, démocratie », *Synergie. Brésil*, (n° spécial 1), p.13-20.

Les savoirs à l'épreuve du temps et de l'environnement

Évolution des représentations de la maladie chez les Palikur en Guyane française

Par Nadir Boudehri

Chargé d'enseignement en anthropologie
Université catholique de l'Ouest-Pacifique

L'Histoire, telle qu'elle nous est généralement présentée, se focalise sur des évènements clés, des courants de pensée et notamment sur des hommes, qui ont par leurs actes ou leurs idées, bouleversé les sociétés dans lesquelles ils vivaient, soulevé des foules et renversé des régimes. Dans les manuels scolaires, on nous décrit aussi l'Histoire des sciences et techniques, l'Histoire des idées ou l'Histoire des religions. L'humain est au cœur de tous ces récits. Notre anthropocentrisme nous contraint à ne penser le temps historiographique qu'à travers le prisme des sociétés humaines comme si les événements « qui font l'Histoire » ne dépendaient que de nos seules actions. Seule part de relativisme peut-être, la prise en compte des aléas climatiques, des catastrophes naturelles ou des « grandes épidémies » qui interviennent comme autant d'éléments de contexte pour mieux comprendre les choix des hommes. L'humain serait au moins partiellement dépendant des contraintes de son milieu. Pourtant, nos sociétés ne se développent pas simplement dans des milieux naturels qu'il suffit d'appréhender par l'étude du climat ou de la géographie. En effet, nous interagissons en permanence avec notre environnement. Comme nous le verrons plus loin, la diversité et la complexité de ces interactions commencent juste à prendre sens pour l'Occident, notamment à travers l'émergence d'une Anthropologie de la Nature[1]; et ce, alors même que nous avons toujours observé cette faculté chez l'Autre, au sein des sociétés dites « traditionnelles ». Celle-ci serait issue d'une aptitude à vivre en étroite relation avec la Nature et à penser l'altérité au-delà des humains dans le cadre d'une ontologie spécifique.

C'est de ces interactions dont il sera question dans le présent article, plus précisément de leur rôle sur l'orientation de notre savoir. Je prendrai pour exemple l'évolution des représentations de la santé et de la maladie chez les Palikur de Guyane française[2], qui s'est déroulée dans un contexte très particulier et qu'il est nécessaire de bien comprendre au risque de n'avoir qu'une vision très limitée d'une profonde et « logique » évolution culturelle[3]. Dans ce cadre, après avoir brièvement présenté la figure emblématique au centre de ce processus, le chaman, j'aborderai un certain nombre d'idées propres à éclairer l'histoire des

---

1 Selon l'approche de Philippe Descola. Mais je pourrai aussi parler d'une écologie politique à la manière de Bruno Latour, dont les travaux visent à repenser en profondeur les sciences, notre rapport au monde et a fortiori le politique.

2 Païkwéné correspond à l'autodénomination que j'ai pu identifier lors de mes enquêtes de terrain. Le terme Palikur est néanmoins le plus courant. « Comme l'avait déjà fait remarquer Nimuendaju en 1926, le nom des PALIKUR apparaît pour la première fois sous la plume de Vincente Yanez Pinzon en 1513, sous la forme PARICURA pour désigner ' une province' située au nord de l'Amazone. (…) À partir de 1650 et jusqu'à nos jours, l'ethnonyme PALIKUR apparaît dans la quasi-totalité des documents, renvoyant à l'autodénomination standard, PARIKWENE. » (Grenand P. et F. 1987 :21-22).

3 S'il est vrai que l'ensemble des pratiques et représentations d'un collectif donné ne sont jamais figées dans le temps (dans la mesure où chacun de ses membres se les réapproprie en permanence et à sa manière), l'idée d'une « évolution culturelle » fait référence à un ensemble d'évènements ayant significativement modifié celles-ci dans un temps court et donnant lieu à de nouveaux comportements, liens sociaux ou plus généralement rapports au monde (physique ou imaginé).

Palikur. Celles-ci seront déclinées de manière à ce qu'elles représentent autant de points de repère pour toute étude portant sur la transmission des savoirs. Il sera alors intéressant de les appliquer dans un contexte plus contemporain, celui de la pandémie de la Covid-19, de manière à esquisser de nouvelles pistes de recherche. Enfin, ces réflexions nous conduiront tout naturellement à relativiser nos connaissances à la lumière du nouveau regard que porte l'Anthropologie sur le, ou plutôt, sur les mondes dont nous entrevoyons depuis peu l'intrication quantique[4].

Le chamanisme comme clé de lecture du monde

Dans les années 1960, les Palikur de la région de l'Amapa au nord du Brésil ont décidé de ne plus avoir recours aux chamans estimant qu'ils ne leur apportaient « que des problèmes » et étaient mal intentionnés. Or, la figure du chaman avait toujours été associée à une certaine vision du monde dans laquelle interagissaient humains et non-humains : esprits de la forêt, de la montagne, animaux et espèces végétales. Comment dès lors les Palikur allaient-ils se réapproprier ou réinventer leurs représentations du monde ? Et surtout, pour quelles raisons ont-ils bien pu abandonner le chamanisme d'une manière qui peut paraître subite au regard des siècles d'existence de cette cosmologie ?

Ces questions interrogent les logiques de transmission des savoirs puisqu'il faut garder à l'esprit que, de génération en génération, les chamans palikur étaient les intermédiaires entre l'univers des hommes et celui des esprits ; mais ils étaient aussi des chefs coutumiers, garants de la cohésion sociale et parfois chefs de guerre dans les nombreux conflits interethniques ayant

[4] Phénomène de la mécanique quantique théorisé dans les années 1930 mais dont l'observation remonte seulement à quelques années. Il décrit la possibilité pour deux particules similaires de « réagir » de la même manière au même moment quelle que soit la distance qui les sépare sans qu'aucune force ou énergie de la physique classique ne puisse être mise en évidence : une pure magie au royaume de la science.

opposé les Palikur et leurs alliés aux Kali'na[5]. Entre le 17e et le 18e siècle, on retrouve d'ailleurs de nombreux récits d'explorateurs soulignant l'importance de cette figure emblématique des cultures amérindiennes venant confirmer par là même les contes et légendes de la tradition orale palikur[6].

Le chaman palikur est appelé Ihamoui qui est traduit par iχambɛn dans l'ouvrage de P. Grenand C. Moretti et H. Jacquemin (1987)[7]. De son côté, Curt Nimuendaju nomme les chamans « Yihãmuli » ou « Yihãmulu » et désigne les esprits de la nature sous le terme « Yumawali ». Pour ma part, c'est le terme Ihamoui que je retiens (plus précisément l'esprit du chaman dont est investie la personne qui pratique le chamanisme); les esprits sont quant à eux désignés sous le terme Imaoui.

L'Ihamoui ne diffère pas fondamentalement des autres guérisseurs que l'on peut retrouver ailleurs en Amérique ou des tradipraticiens[8] en général. C'est un intermédiaire entre le monde-autre, les entités supra-empiriques, et le monde des hommes. Il tente d'une part de guérir ses proches contre les

---

[5] Contrairement aux Palikur de la "famille linguistique" arawak, les Kali'na sont une ethnie karib également présente sur le littoral Guyanais. Le terme Kali'na correspond à une autodénomination récente. Les récits des explorateurs les ayant régulièrement désignés comme étant des « Indiens » Carib, Karibes ou Galibi. Les Palikur quant à eux les désignent sous le terme Hiyé. Leur arrivée dans la région du plateau des Guyanes est semble-t-il postérieure à celle de leurs voisins Palikur et leur progression s'est faite par la voie de la conquête. En ce sens et pour reprendre les mots d'un explorateur du 17ème siècle, les « Palicours (...) ont une inimitié mortelle avec les Galibis, auxquels ils font la guerre sans relâche, qui de leur part n'étant pas moins animés contre eux, en emportent l'excès au-delà de tout ce que la cruauté barbare peut inventer contre des hommes. » (Le Febvre de La Barre, 1666:26-27).

[6] Boudehri, N. (2006). Des épidémies, quelles épidémies ?, dans *L'histoire de la Guyane, depuis les civilisations amérindiennes*. Collectif. Matoury, Guyane française : Ibis Rouge Editions. 87-103.

[7] *Pharmacopées traditionnelles en Guyane Créole, Palikur, Wayãpi*. Paris, Ed de l'ORSTOM, 1987.

[8] En anthropologie de la santé et de la maladie, l'usage de ce terme renvoie à tous les « guérisseurs » des sociétés dites traditionnelles dont les pratiques rituelles visent à répondre aux maux physiologiques, psychologiques ou spirituels de leurs congénères; en ayant régulièrement un recours à des pharmacopées traditionnelles.

différents maux qui peuvent les atteindre (maladie ou malchance) et il donne d'autre part un sens à leur vécu.

L'Ihamoui avait donc un rôle clef dans la société palikur, pouvant être chef coutumier, à la fois médiateur entre les hommes ici-bas et intermédiaire entre ce monde et celui des esprits. Cette double fonction s'explique par le fait qu'il n'y ait aucune distinction entre la gestion sociale des crises et leur gestion supraempirique[9]. Là où le regard « occidental » appréhende deux univers, l'un sensible, l'autre invisible, les Palikur vivaient dans un seul monde peuplé d'humains et de non-humains sur le principe d'une ontologie animiste[10] qui repose sur un mode d'identification parfaitement décrit dans les travaux de Philippe Descola (2017).

C'est la remise en question de ce mode d'identification entraînant le recours à une nouvelle cosmologie qui est à l'origine de l'évolution culturelle des Palikur. En effet, pour reprendre l'hypothèse de Philippe Descola (ibid: 153) à propos des Achuar dans son ouvrage *La Nature domestique* :

« Dans un tel système d'objectivation d'autrui, le rapport aux non-humains ne peut être bouleversé sans que les catégories élémentaires de la pratique sociale permettant de conceptualiser ce rapport aient été modifiées en profondeur ».

Si les évènements survenus dans les années 1960, et sur lesquels je reviendrai plus loin, ne sont pas de nature à bouleverser l'ontologie des Palikur, c'est bien l'étude - dans le temps - d'un certain type de pratiques sociales qui m'a permis de mettre à jour ce long processus d'épuisement de ce que j'appelle la logique chamanique.

---

[9] Si l'on considère que le quotidien nous donne accès au monde sensible, perceptible par nos sens et par conséquent à d'autres que nous, l'univers supraempirique renvoie à ce qu'expérimentent les chamans lors de leurs voyages chamaniques. L'usage de plantes psychotropes est d'ailleurs très fréquent. Le simple fait que ces pratiques et transes existent légitime l'intérêt que l'on peut porter aux discours des chamans.

[10] Plutôt que de parler de « vision du monde », P. Descola préfère parler d'une « ontologie ». (Descola, 2017: 238)

Esquisse méthodologique d'une analyse diachronique

Pour faciliter l'exposé de ce phénomène, très largement décrit dans *Épidémies en quête d'histoire*[11], je vais simplement reprendre ici les quatre idées essentielles qui permettent de l'appréhender tout en développant, chemin faisant, une proposition non exhaustive de méthodologie d'analyse de la transmission des savoirs.

La dimension temporelle dans laquelle s'inscrit toute transmission est fondamentale. Ce que l'on transmet a toujours une origine, une source : une information qui nous a été communiquée, un évènement que l'on a vécu ou une réflexion arrivée à maturité. Ce que nous transmettons ne vient pas de nulle part et n'apparaît pas à n'importe quel moment. C'est ce que j'ai rapidement compris lors de mon terrain auprès des Palikur.

Comme tout américaniste découvrant l'effarante baisse démographique des Amérindiens suite à la Rencontre coloniale (cf. graphique), il me semblait essentiel de consacrer mes recherches à l'impact des épidémies sur ces populations[12]. Plus précisément, je voulais comprendre comment les Palikur avaient vécu cette catastrophe, comment ils avaient « intégré » dans leur « culture » et plus précisément dans leurs représentations de la santé et de la maladie ces « épidémies ». Sur le papier, cette problématique me semblait pertinente… Quelle ne fut pas ma surprise quand, après des dizaines d'heures d'entretiens à tenter de ne pas orienter mes informateurs, je finis par leur demander ouvertement si leurs parents ou grands-parents avaient connaissance de ces fameuses épidémies et, ne reçus pour seule réponse : « Des épidémies… quelles épidémies ? »[13]. De mon

---

[11] Boudehri, N. (2002). *Épidémies en quête d'histoire : conséquences des épidémies dues à la rencontre coloniale sur les Palikur de Guyane française.* Thèse de doctorat, Université Bordeaux 2.

[12] Contrairement à d'autres populations d'Amérique, il s'avère que la baisse démographique observée en Guyane est principalement liée aux épidémies ayant progressivement décimé de nombreuses ethnies. Voir Boudehri, N., Esterre, P. et Migeon. G. (2014), Le Choc microbien dans les Guyanes, dans *Karapa* vol.3 Juin 2014, 52-61.

[13] Voir Boudehri (2006).

point de vue, la baisse démographique était une réalité factuelle. Tous les récits d'explorateurs et travaux de chercheurs avant moi confirmaient la présence de vagues épidémiques, d'accès de rougeole, de grippe, de rhume ou de variole. Du point de vue des Palikur, ces épidémies ne semblaient pas avoir existé. Il me fallait donc comprendre ce qui faisait sens à leurs yeux, pas aujourd'hui, mais dans le temps, dans la diachronie. Il convenait, d'une part, d'envisager la manière dont leurs ancêtres avaient bien pu interpréter une série d'événements qui maintenant, nous apparaissent sous la forme d'une baisse démographique et comment, d'autre part, les Palikur d'aujourd'hui ont intégré d'une manière ou d'une autre ces épidémies.

Le deuxième point d'attention dans une logique de transmission concerne les éléments de contexte susceptibles d'influer sur les informations qui seront transmises et sur les comportements des différents acteurs de la transmission. Dans le cas qui nous intéresse, ces éléments sont nombreux au premier rang desquels la nature des épidémies qui ont affecté les Amérindiens de Guyane.

Durant des décennies, ces « épidémies » n'étaient que vaguement définies comme étant issues des premiers contacts avec les Européens ; aussi diverses qu'un accès de grippe ou de « rhume », leur caractère fatal trouvant son explication dans « l'hypersensibilité des Amérindiens aux maladies importées ». Or, j'ai clairement démontré[14] la prévalence d'un paludisme allogène dans l'origine de la baisse démographique des Amérindiens de Guyane. Les caractéristiques de cette maladie la rendent particulièrement sournoise ; elle ne tue pas systématiquement. Elle affaiblit, elle épuise. Elle impacte le taux de fécondité tout en aggravant les effets d'autres maladies comme la grippe ou la dengue et, au regard de l'anthropologie de la maladie, c'est l'exemple même du malheur. Mais elle ne suffit pas à expliquer, à elle seule, l'évolution culturelle des Palikur. D'autres éléments de contexte ont également joué un rôle important dans ce sens. Pour ne citer brièvement que les principaux, la Rencontre coloniale avec les Européens et les

[14] Boudehri (2002). Boudehri, Esterre et Migeon (2014).

populations issues de l'esclavage ont ainsi apporté avec eux leur lot de nouveautés : armes, animaux domestiques, plasmodium falciparum[15]... ; les guerres interethniques, opposant les Palikur à leur ennemi juré, les Kali'na, ont aussi contribué à marquer l'Histoire palikur ; l'affaire du contesté franco-portugais de la région de l'Amapa, puisqu'il inclut l'espace palikur, n'a pas été sans effets sur ses habitants; enfin la lutte antipaludique, dans les années 1940, s'appuyant sur des campagnes de « DDT-isation » et, près de vingt ans plus tard, la démarche d'évangélisation des Amérindiens du Nord du Brésil par des missionnaires pentecôtistes auront fini de transformer l'Histoire palikur.

La troisième clé de lecture de la transmission des savoirs, et probablement la plus importante, réside dans la définition de l'objet de la transmission. Généralement, la plupart des chercheurs se penchent sur un sujet qui leur est familier ou qui attise leur curiosité. Pour ma part, l'exploration des pratiques magico-religieuses a souvent émaillé mon cursus universitaire, il m'a alors semblé naturel d'étudier les représentations de la santé et de la maladie chez les Palikur. Cet objet s'accompagne bien évidemment de toute la littérature spécialisée dans ce domaine : des écrits d'E.E. Evans-Pritchard à Andras Zempleni en passant par ceux de Claude Lévi-Strauss, ou de Marc Augé pour ne citer qu'eux, représentaient autant de supports permettant de mieux appréhender le sujet. Néanmoins, si ces références autorisaient la définition d'un cadre théorique, les tribulations du terrain et le travail d'écriture m'ont confronté à un questionnement toujours plus complexe et inattendu que ne le laissait supposer la problématique de départ. Dans notre cas, la bibliographie réunie fut précieuse car elle a aidé à la compréhension des logiques magico-religieuses (chamaniques) à l'oeuvre sur mon terrain d'enquête. Toutefois, à ma connaissance, dans ce domaine, aucun auteur n'avait cherché à appréhender les représentations de la santé et de la maladie dans le temps.

Enfin la dernière idée que je souhaite souligner ici, et qui me paraît nécessaire dans l'étude de la transmission des savoirs, c'est

[15] Espèce de parasite, transmis par le moustique Anophèle, à l'origine du paludisme chez l'homme.

celle d'une approche pluridimensionnelle voire pluridisciplinaire. C'est d'ailleurs le propre de l'anthropologie que de développer une approche holistique sur un territoire donné : la culture matérielle comme immatérielle, la langue comme la communication non verbale, l'espace dans toutes ses dimensions, habité comme naturel... L'anthropologue n'hésite pas à rechercher des outils théoriques chez les historiens, les psychologues, les démographes ou les naturalistes dans le but de mieux comprendre les collectifs qu'il rencontre. C'est pourquoi j'ai eu recours à l'épidémiologie, l'archéologie ou l'histoire pour décrypter l'évolution des représentations de la santé et de la maladie chez les Palikur et comprendre par ce biais, leur évolution du chamanisme au protestantisme. En effet, comment aurait-il été possible d'aborder cette enquête sans un minimum de ressources épidémiologiques, notamment concernant le paludisme ? C'est probablement les travaux de Robert S. Desowitz qui m'ont d'ailleurs le plus éclairé sur la vie et l'histoire de plasmodium falciparum, minuscule parasite aux effets dévastateurs. D'un autre côté, les données de l'archéologie ont fourni matière à réfléchir sur les différents modes d'inhumation des Amérindiens de la région du plateau des Guyanes et leur évolution dans le temps et l'espace. Cela m'a permis de formuler des hypothèses plausibles quant à l'importance qu'accordaient les Palikur aux « pouvoirs des chamans ». Pour finir, l'approche historique s'est développée autour de la compulsion d'archives et notamment des récits d'explorateurs, mais également sur les fondements théoriques d'une étude qui se veut à la fois anthropologique et historique (sans être de l'ethnohistoire). À ce titre, l'essai de Nicholas Thomas propose un réajustement de nos approches traditionnelles, nous donnant l'une des meilleures clés conceptuelles autorisant l'étude du chamanisme palikur dans le temps.

Du chamanisme au protestantisme

En pratique et gardant à l'esprit les différentes idées énoncées plus haut, j'ai cherché à mettre en évidence quelles étaient les étiologies possibles des chamans dans leurs interprétations du malheur dans des contextes particuliers et à des périodes clés de l'histoire palikur. Je ne m'attarderai pas ici sur le fait que le chamanisme palikur, comme d'autres formes de représentations magico-religieuses, a développé un système interprétatif très élaboré ; les origines de la maladie et du malheur sont nombreuses : rupture d'un tabou, intervention d'un esprit de la forêt, sortilège d'un adversaire ou simplement un accident sans origine particulière. Par contre, ce qui fut particulièrement remarquable dans l'Histoire palikur, c'est que chaque période que j'ai identifiée se caractérisait par la présence d'un « mal profond », matérialisé par une figure « maléfique » exogène. Or, connaître l'origine de nos maux nous incite à y mettre fin. Dans un contexte de baisse démographique constante, il y aura donc toujours un responsable à éliminer…c'est tout le malheur du chamanisme.

Comme je l'ai souligné plus haut, le plasmodium falciparum[16] aurait été introduit en Guyane lors de la Rencontre coloniale et, selon nos estimations, probablement dans le premier quart du 17e siècle. Il a dès lors sévi dans la région jusqu'aux premières campagnes d'utilisation du DDT et de distribution de moustiquaires imprégnées. Pendant toute la durée de son action dévastatrice, les populations amérindiennes de Guyane ont vu leurs effectifs réduire drastiquement, de nombreuses ethnies ayant d'ailleurs disparu[17]. En affaiblissant les aînés, en multipliant les décès de femmes en couches et en augmentant considérablement la mortalité des enfants en bas âge, le paludisme se veut particulièrement sournois et ne se révèle que par des accès de fièvre. Il est le symbole même d'un mal profond et silencieux. Pendant toutes ces années, les Amérindiens ne connaîtront pas de répits et les chamans devront régulièrement expliquer l'origine de leurs malheurs. C'est ainsi que la figure « maléfique » exogène sera identifiée à des périodes significatives de l'Histoire palikur : le chaman Kali'na durant la

[16] La souche la plus létale du paludisme.

[17] Voir notamment Grenand P. et F., (1990). *Les Amérindiens: des peuples pour la Guyane de demain: un dossier socio-économique*, Cayenne, Guyane française : ORSTOM, coll. La Nature et l'Homme.

guerre qui opposa les deux ethnies rivales, l'homme blanc porteur de maladies Awayéuk'aït durant les rivalités franco-portugaises, le chaman du village voisin lors de la période de replis des Palikur en forêt, et enfin, le chaman du village lorsqu'il n'y avait plus d'autres suspects à désigner[18]...

Ces interprétations successives mettent en évidence les limites de la logique chamanique dans un contexte où le paludisme n'est pas identifié comme source du malheur. Les décès suspects ayant nécessairement une explication, c'est au début des années 1960 que le dernier chaman a été exécuté dans le village Maouïri sur le fleuve Arukawa[19]. Parce que celui-ci n'avait pas réussi à soigner une jeune adolescente, le père, suspicieux de la volonté du chaman de guérir sa fille, s'est associé à d'autres villageois dans le but de venger sa mort. Une expédition punitive - contestée par certains - fut ainsi organisée et aboutira à la mise à mort du mis en cause. Or, dans un contexte où la tradition palikur devait composer avec le cadre légal et administratif de l'État brésilien, ce crime ne fut pas sans conséquences. En effet, les auteurs ont été poursuivis et emprisonnés. L'intervention des autorités brésiliennes dans les affaires palikur a été mal vécue par la communauté villageoise qui s'est alors retournée contre les familles des auteurs, les contraignant à l'exil. Ces évènements ont ainsi profondément perturbé la société palikur au point d'entraîner une réorganisation sociale et spirituelle qui fut amorcée par l'identification d'une autorité spirituelle plus sécurisante. C'est là qu'intervint Roland Norino (appelé Paul), baptisé par un missionnaire pentecôtiste et dont les qualités humaines ont séduit les habitants du village de Kuméné[20]. À leur demande, il est alors devenu le premier chef coutumier Palikur à écarter le chamanisme au profit du protestantisme.

« À la grâce de Dieu »[21], cette période coïncide historiquement avec le renouveau démographique des Palikur mis en évidence

---

[18] Pour plus de précisions, voir Boudehri (2002).

[19] Un des affluents du Rio Uaçá.

[20] Le village de Kuméné se trouve sur la rive opposée à celle du village Maouïri.

[21] Comme le disait très bien un informateur : « Avant Palikur beaucoup souffrir. Beaucoup de maladies, beaucoup de problèmes... Mauvais chamans aussi, manger les gens... Mais les Palikur pas connaître Dieu. » in Boudehri (2002).

par les travaux de J.-M.Hurault (1972) et P. et F. Grenand (1990) mais aussi avec les effets concrets de la lutte antipaludique initiée dans les années 1940 par l'invention du DDT et un programme mondial d'éradication du paludisme porté par l'OMS quelques années plus tard[22].

À la lumière des données contextuelles présentées et en inscrivant les représentations Palikur dans le temps, il devient plus facile de comprendre l'évolution culturelle qu'ils ont traversée. Ce processus peut maintenant être mis en perspective de manière à lui donner une assise théorique.

Fondement théorique d'une évolution culturelle

L'évangélisation des Amérindiens a toujours diversement été appréciée par les anthropologues, souvent condamnée en ce qu'elle détruit le patrimoine culturel amérindien et parfois dédaignée au profit de l'étude de « vraies » ethnies amérindiennes. Elle n'en demeure pas moins un fait culturel sur lequel il convient de se pencher. Depuis les premiers jours de la colonisation, l'action des missionnaires n'a pas connu un succès homogène dans les Amériques. Selon Philippe Descola, cela s'expliquerait par les modes d'identification des populations évangélisées (leur manière d'être au monde). Il en déduit ainsi que l'ontologie analogiste (présente au Mexique ou dans les Andes) semblerait plus réceptive que l'ontologie animiste (des populations d'Amazonie). Il explique notamment que :

« ...lorsque les conquistadors et les missionnaires s'aventuraient dans les basses terres, dans les mondes animistes, (...) la christianisation y a été marquée par des mouvements permanents d'avancée et de recul, au grand dam du clergé qui ne comprenait pas plus les raisons des conversions soudaines que de l'abandon tout aussi soudain de la foi chrétienne. Les Indiens pouvaient se conformer pendant un temps au modèle que les missionnaires exigeaient d'eux, et abandonner ce modèle lorsqu'il n'était plus compatible avec la poursuite des activités normales, un

---

[22] Voir Boudehri (2002) et Desowitz R. S. (2000). *Kala-azar, Chroniques indiennes d'une épidémie*. Mayenne, France : ScienceInfuse.

phénomène toujours d'actualité et que j'ai pu observer moi-même dans les années 1990 chez les Achuar avec le protestantisme évangélique. Il ne s'agissait donc pas d'un problème de sincérité de la foi, mais d'incompatibilité entre divers registres de l'action. » (P. Descola, 2017: 304)

En Guyane, le même phénomène de conversion très relative des Amérindiens a aussi été observé mais, pour le cas des Palikur originaires de la région de l'Arukawa, le message biblique - le plus efficient - est intervenu au moment même où leur rapport au monde était questionné. Ce qui appelle au moins deux réflexions.

D'une part, Philippe Descola souligne un peu plus loin dans son ouvrage que « les mécanismes d'absorption par le naturalisme de systèmes de pensée très différents doivent être considérés avec beaucoup de précautions. On s'en remet en effet trop facilement à l'idée d'une globalisation linéaire et uniforme, menée sous la houlette des représentations du monde occidentales, mais cela est souvent trop superficiel » (Ibid, p. 305). En effet, l'entreprise de conversion basée sur des ontologies différentes (ici naturaliste et animiste) implique une réinterprétation de notre rapport au monde. Un exercice qui est loin d'être évident pour des populations amérindiennes qui, en raison de la richesse de leurs connexions avec les non-humains et la symbolique qui leur est associée avec le chamanisme, ne peuvent que difficilement imaginer une cosmologie aussi étrangère que celle que leur proposent les missionnaires. Une cosmologie qui fait régner l'Homme et le Dieu fait homme sur un univers où la Nature ne semble jouer que le rôle de décor dans une représentation théâtrale de l'Histoire humaine. Pourtant, chez les Palikur, cette conversion a presque semblé évidente, naturelle, puisque je l'avais envisagée dans le temps, à travers les yeux des chamans. De plus, Roland Norino ne s'est pas simplement contenté de diffuser le message biblique, lors de ses prêches sur la base d'une bible traduite en portugais. Il le réinterprétait dans la langue palikur en établissant des correspondances entre les représentations chamaniques et judéo-chrétiennes[23].

[23] Voir Boudehri (2002).

Ainsi, raisonnablement, j'en déduis, d'une part, que le basculement d'une ontologie à l'autre ne s'envisage que si celle que l'on abandonne a montré ses limites en ne répondant plus, de manière efficiente, aux questionnements et aspirations du collectif concerné, et d'autre part, que le passage d'une cosmologie à l'autre ne peut se réaliser que si des membres de ce collectif parviennent à établir un système de correspondance vraisemblable, cohérent.

D'autre part, l'étude des représentations de la maladie chez les Palikur m'a appris que les étiologies pouvaient évoluer et dépendaient notamment du contexte social (guerre interethnique, colonisation) et environnemental (présence du plasmodium) dans lequel les malheurs se produisaient. C'est un processus d'adaptation équivalent à une démarche empirique de traitement de la maladie. Ceci explique en partie l'adhésion très relative des Palikur au christianisme[24] qui, malgré l'action évangélisatrice des missionnaires et dans un contexte épidémique, s'en remettaient aux diagnostics proposés par les chamans[25]. Autrement dit, l'apparente flexibilité des étiologies a contribué à maintenir, au moins pour un temps, une certaine cohérence dans la logique chamanique. Soulignons également que, dans une optique de transmission des savoirs, la réinterprétation contextuelle du malheur met en évidence l'implication de facteurs exogènes dans la prise de décision des individus. Il n'existe pas de savoir « ancestral », figé dans le marbre, qui se transmette de génération en génération par le biais d'une tradition orale. Nos connaissances sont le fruit d'un rapport constant avec le réel ; à plusieurs niveaux, entre

---

[24] Il faut garder à l'esprit que durant toute la phase épidémique de nombreux villages ont disparu incitant les survivants à se regrouper et parfois à se sédentariser près des missions religieuses. Selon les différents récits des missionnaires et explorateurs, les Amérindiens participaient aux prières et aux différentes tâches qu'exigeait l'entretien des sites d'installation, mais ne semblaient pas montrer de ferveur particulière à l'écoute du message biblique et pouvaient facilement s'en désintéresser.

[25] Si la réponse au « mal profond » et silencieux qui sévissait n'a pas su être efficace et durable, en revanche, les chamans bénéficiaient d'une pharmacopée traditionnelle particulièrement riche sur laquelle ils pouvaient compter pour soigner les nombreux maux de leur ethnie.

humains, entre humains et non-humains que ces interactions soient pensées, identifiées, gérées ou au contraire qu'elles soient inconcevables, invisibles, ingérables. En ce sens, et tenant compte du processus décrit plus haut, il m'est permis d'avancer que le Plasmodium falciparum est le principal artisan de l'évolution culturelle des Palikur.

Perspectives pour un modèle théorique

En contextualisant les représentations de la santé et de la maladie des Palikur, dans le temps, mais surtout dans un environnement où le paludisme entraînait une baisse démographique constante, nous avons vu comment la logique chamanique a été mise en échec. L'année 2020, profondément marquée par la pandémie de la Covid-19, offre à voir une multitude de réactions socioéconomiques et comportementales de la part de milliers de collectifs à travers l'ensemble de la planète. Spectateur de cette Histoire en marche, je me suis naturellement demandé dans quelle mesure l'évolution culturelle des Palikur, façonnée par la propagation du plasmodium falciparum, pouvait nous permettre d'appréhender cet épisode épidémique. Ne serait-elle pas révélatrice de ce que la pandémie de la Covid-19 pourrait provoquer, à différentes échelles et temporalités, auprès de milliers de collectifs ?

Au regard de l'impact socioéconomique que provoque ce séisme sanitaire mondial, je serais tenté de dire que la réponse ne fait aucun doute. Il serait alors intéressant d'évaluer ces processus d'évolution culturelle dans différents collectifs, le choix des terrains d'enquête se trouvant répartis sur l'ensemble de la planète.

Pourtant, comme je l'ai expérimenté lors de mon enquête auprès des Palikur, cette approche peut être trompeuse pour au moins deux raisons. D'une part, si l'on s'intéresse à l'évolution des représentations et aux changements de comportements, ne considérer que les effets de la pandémie sur une population donnée revient à échoir dans le même travers qui a guidé mes premiers pas dans les villages palikur. Rappelez-vous, "Des épidémies… quelles épidémies ?"[26]. D'autre part, malgré l'ampleur de la pandémie, rien ne devrait nous laisser préjuger du fait que les collectifs vont inévitablement s'adapter ou évoluer au contact du virus.

Pour éviter ces écueils mais aussi les pièges de l'anthropocentrisme, notre approche doit être plus relativiste et tenir compte de la méthodologie esquissée dans les précédentes pages. Considérant que la majeure partie des collectifs humains de la planète expérimentent ou vont expérimenter une interaction plus ou moins directe avec le coronavirus (SARS-CoV-2), celle-ci varie ou variera d'une population à l'autre et souvent d'un individu à l'autre. De ce fait, nous ne donnons pas tous le même sens à cette interaction. En outre, chaque collectif évolue dans un contexte socioéconomique et environnemental spécifique qui influera sur la nature et la perception de celle-ci. Il convient alors de problématiser chaque situation dans chaque collectif comme cela est préconisé précédemment : définition de l'objet, inscription dans la diachronie, analyse du contexte et approche pluridimensionnelle. Ce n'est qu'à la lumière de cet éclairage qu'il sera possible d'évaluer les changements opérés dans les collectifs étudiés.

Dans le cadre d'une approche plus globale et pour prolonger la réflexion, je tiens à souligner qu'il s'agit bien d'interactions entre humains et virus. En ne parlant que d'épidémie ou de maladie, nous prenons le parti d'aborder la question à travers le prisme de notre humanité au risque d'occulter la place qu'occupe ce virus dans nos écosystèmes. C'est bien là, l'un des enjeux de l'anthropologie contemporaine, celui de parvenir à objectiver nos connaissances en minimisant les biais de l'anthropocentrisme. Or, l'actuelle pandémie ne fait qu'exacerber notre intérêt pour les conséquences qu'elle produit sur nos collectifs. D'ailleurs, il est surprenant de constater l'important écho médiatique qu'a rencontré cette « simple » interaction : distanciation sociale,

---

[26] Ma première approche fut biaisée par le fait que je recherchais, dans les représentations de la santé et de la maladie des Palikur, des éléments en rapport avec un « vécu épidémique ». Or, la notion même d'épidémie ne faisait pas sens dans le vécu des Palikur. Voir Boudehri (2002).

télétravail, chômage partiel, paralysie du trafic aérien ou encore crise économique sans précédent et crises politiques. Cette frénésie de débats contradictoires portant sur les conséquences médicosociales et économiques de la pandémie fut poussée à son paroxysme lorsque le discours politique adopta un ton martial. Dès lors, « l'ennemi » prit forme et le coronavirus devint une entité à combattre.

Sans vouloir minorer les effets considérables d'une telle épidémie et bien sûr de la triste réalité du nombre de décès qui y sont associés, il convient de rappeler que nous sommes constamment confrontés à des milliers de micro-organismes avec lesquels nous cohabitons au quotidien. Par exemple, les microbiotes intestinal et cutané sont révélateurs de longs processus d'adaptation et d'évolution. Par ailleurs, la grippe saisonnière ou les épidémies de gastro-entérite font désormais partie intégrante d'une forme de « routine » annuelle qui met en avant la nécessité de s'adapter (vaccination, mesures d'hygiène, campagnes de prévention…). Et, de leur côté, les bactéries et autres virus vont eux aussi muter et trouver des niches écologiques leur permettant de prospérer.

Ainsi, il semble plus cohérent que la lecture que nous devrions faire de ces interactions humains / virus porte sur des notions d'échange, d'équilibre, de territoire, d'adaptation voire pourquoi pas de dialogue inter-espèces. En effet, le mode de propagation du coronavirus est tel qu'une fois qu'il pénètre un collectif, c'est l'ensemble du corps social qui réagit et semble se « raidir », se contracter puis se réajuster. Il y a probablement là d'intéressantes pistes de réflexion sur les notions de territoire, de contagion ou de dynamique spatiale.

Le paradoxe d'une anthropologie non anthropocentrée

De l'étude des humains au centre du monde, l'anthropologie glisse vers l'étude de collectifs pluriels dont la complexité apparaît progressivement. À ce titre, ces dernières années ont vu apparaître de nombreux ouvrages aux orientations moins anthropocentriques réalisées dans des domaines très divers. Dans cette optique, si par exemple les travaux de Jared Diamond[27] prennent en compte les dimensions temporelle et environnementale en nous permettant de mieux comprendre l'évolution de nombreuses sociétés parfois disparues, ils demeurent inscrits dans une logique naturaliste et ne parviennent pas à rendre compte de la richesse et de l'importance des interactions entre humains et non-humains en dehors d'une optique utilitariste. A contrario, l'approche développée par Anna Lowenhaupt Tsing dans son étude sur les matsutakes[28] paraît intéressante à maints égards puisqu'elle intègre, à différentes échelles, l'humain et le non-humain. Son analyse des dynamiques inter-espèces dans ce que l'on peut désigner comme les « ruines du capitalisme » rappelle à quel point nos interactions avec les non-humains s'inscrivent dans des écosystèmes fragiles. Plus radical peut-être dans la prise en compte des non-humains, l'ouvrage d'Eduardo Kohn, *How forests think*, ambitionne de réinventer notre discipline en proposant une « anthropologie au-delà de l'humain ». Il offre ainsi des pistes de travail novatrices pour opérer un décentrement de notre regard et inclure le point de vue des non-humains. Une démarche qui n'est pas sans rappeler la préoccupation constante de tout anthropologue : la place de l'observateur dans l'enquête de terrain et le souci d'objectiver à chaque instant les informations recueillies. Ainsi, ces différents travaux ne se limitent plus à l'étude des collectifs humains, ils les incluent dans un environnement « vivant », interactif, qui n'est plus simplement un cadre mais potentiellement la porte d'entrée de l'enquête.

À l'heure où notre planète réagit aux activités humaines, où l'on évoque l'avènement de l'Anthropocène, de nombreux discours, tirant les leçons la pandémie de la Covid-19, se sont appropriés

---

[27] Diamond J. (2006), *Effondrement. Comment les sociétés décident de leur disparition ou de leur survie*, Paris, France : Gallimard, NRF, Essais.

[28] Tsing, A. L. (2017). *Le champignon de la fin du monde : sur la possibilité de vivre dans les ruines du capitalisme.* [version ebook] trad. de l'anglais par Philippe Pignarre, préf. par Isabelle Stengers. Paris, France : La Découverte/Les Empêcheurs de penser en rond.

l’expression « le monde d’après ». Celle qui interroge les conséquences d’un monde surexploité. Le coronavirus serait alors perçu comme un signal d’alerte mettant en garde l’humanité face à ses excès. Comme nous l’avons vu dans l’Histoire des Palikur et en anthropologie de la santé en général, nous recherchons toujours un sens, une origine pour expliquer l’avènement d’une maladie ou d’un malheur comme par exemple la rupture d’un tabou ou l’action des esprits de la forêt. La pandémie de la Covid-19 n’échappe pas à cette règle et chaque collectif lui donnera du sens.

En revanche, il me paraît important de garder à l’esprit que cette crise sanitaire mondiale a permis de mettre en évidence l’interdépendance des collectifs (humains et non-humains confondus) et que ceux-ci se sont dans une certaine mesure coordonnés pour mieux se préserver. C’est peut-être là un présage d’espoir en période de dérèglement climatique et probablement un savoir à transmettre aux générations à venir.

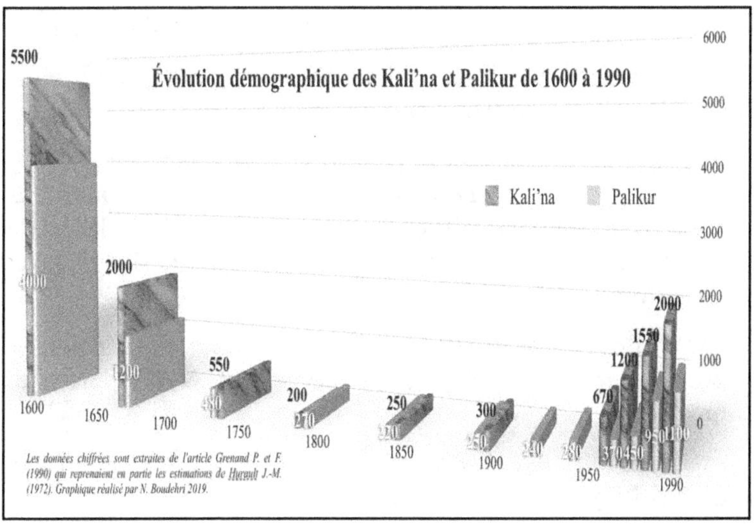

Les données chiffrées sont extraites de l’article Grenand P. et F. (1990) qui reprenaient en partie les estimations de Hurault J.-M. (1972). Graphique réalisé par N. Boudehri 2019.

Bibliographie

AUGE, M. (1974). *La construction du monde, Religion/Représentations/Idéologie.* Paris, France : Maspéro.

AUGE, M. et HERZLICH, C. (1984). *Le sens du mal, Anthropologie, histoire, sociologie de la maladie.* Paris, France : Éditions des archives contemporaines.

BOUDEHRI, N. (2002). *Épidémies en quête d'histoire : conséquences des épidémies dues à la rencontre coloniale sur les Palikur de Guyane française.* (thèse de doctorat, Université de Bordeaux 2, France) Disponible au format microfiche, Réf ANRT : 39902, Atelier national de reproduction des thèses.

______ (2006). *Des épidémies, quelles épidémies ?, dans L'histoire de la Guyane, depuis les civilisations amérindiennes.* Collectif. Matoury, Guyane française : Ibis Rouge Éditions. 87-103.

BOUDEHRI, N., ESTERRE, P. et MIGEON. G. (2014), Le Choc microbien dans les Guyanes, dans *Karapa* vol.3 Juin 2014, pp.52-61.

CASTANEDA C., (1973) *Voir.* Paris, Gallimard Folio Essai.

DESCOLA, P. (2014). A comment on Eduardo Kohn's How forests think, dans *Hau: Journal of Ethnographic Theory* 4 (2) : pp.267–273

DESCOLA, P. (2017). *La composition des mondes. Entretiens avec Pierre Charbonnier.* [version ebook] Pagination - ISBN de l'édition imprimée de référence : 2081312743. Paris, France : Flammarion.

DESOWITZ, R. S. (1991). *The malaria carpers, Tales of parasites and people.* New York - London : W.W. Norton & Company.

______ (2000). *Kala-azar, Chroniques indiennes d'une épidémie.* Mayenne, France : ScienceInfuse.

DIAMOND J. (2006), *Effondrement. Comment les sociétés décident de leur disparition ou de leur survie*, Paris, France : Gallimard, NRF, Essais.

EVANS-PRITCHARD, E.-E. (1972) *Sorcellerie, Oracles et Magie chez les Azandé* , Paris, France : Gallimard.

GRENAND, P. et F. (1987). La côte d'Amapá, de la bouche de l'Amazone à la baie d'Oyapock, à travers la tradition orale palikur, dans *Boletim do Museu Paraense Emílio Goeldi, série Antropologia*, vol 3- 1, Belém, Pará, 1-78.

GRENAND, P., MORETTI, C. et JACQUEMIN, H. (1987). *Pharmacopées traditionnelles en Guyane, Créoles, Palikur, Wayãpi,* Paris, France : Ed de l'Orstom. Coll. Mémoires n°108.

GRENAND P. et F., (1990). *Les Amérindiens: des peuples pour la Guyane de demain: un dossier socio-économique*, Cayenne, Guyane française : ORSTOM, coll. La Nature et l'Homme.

GRENAND P. & F., (1997). L'occupation amérindienne ethnoarchéologie, ethnohistoire, dans *L'Archéologie en Guyane*, Cayenne : Edition APPAAG (Association pour la Protection du Patrimoine Archéologique et Architectural de la Guyane), pp.57-71.

HURAULT, J.-M. (1972). *Français et Indiens en Guyane, 1604-1972,* Paris, France : 10/18, Union Générale d'édition.

KOHN, E. (2013). *How Forests Think: Toward an Anthropology Beyond the Human.* Berkley, USA: University of California Press.

LATOUR, B. (1990). Sommes-nous postmodernes ? Non, Amodernes !, Étapes vers une anthropologie de la science, dans *La pensée métissée, Croyances africaines et rationalité occidentale en question*, Genève, Suisse : Graduate Institute Publications/Cahiers de L'IUED.pp.127-157.

______ (2012). *Enquête sur les modes d'existence : Une anthropologie des Modernes*. Paris, France : La Découverte.

______ (2017). *Où atterrir ? Comment s'orienter en politique.* [version ebook] Paris, France : La Découverte/Cahiers Libres.

LE FEBVRE DE LA BARRE, J.-A. (1666), *Description de la France équinoctiale, cy-devant appellée Guyanne, et par les espagnols "el Dorado" / nouvellement remise sous l'obeïssance du Roy par le Sieur Le Febvre De La Barre, son lieutenant général dans ce païs,* Num. BNF de l'éd. de Paris : Bibliothèque Nationale, [19??], Reprod. de l'éd. de Paris : J. Ribou, 52 p.

LEVI-STRAUSS, C. (1985) *Anthropologie structurale*, (1958), Dont - Chap. IX « Le sorcier et sa magie » (1949), pp.191-212 et Chap. X « L'efficacité symbolique »(1949), pp.213-234 Paris, France : Plon.

NIMUENDAJU, C. (1926). *Die Palikur Indianer*, texte dactylographié, traduction française de Pierre Grenand, n.d., Centre du Bureau d'Études Ethnologique Cayenne, Guyane Française.

THOMAS, N. (1998). *Hors Du Temps, Histoire et évolutionnisme dans le discours anthropologique,* (1989) Traduit de l'anglais par Michel Naepels. Paris, France : Editions Belin.

TSING, A. L. (2017). *Le champignon de la fin du monde : sur la possibilité de vivre dans les ruines du capitalisme*. [version ebook] trad. de l'anglais par Philippe Pignarre, préf. par Isabelle Stengers. Paris, France : La Découverte/Les Empêcheurs de penser en rond.

ZEMPLENI, A. (1985), La « Maladie » et ses « causes », dans *L'Ethnographie* numéro spécial « Causes, origines et agents de la maladie chez les peuples sans écriture », n° 96-97 (1985-2 et 3), 13-43 Paris : Société d'Ethnographie.

www.ingramcontent.com/pod-product-compliance
Lightning Source LLC
LaVergne TN
LVHW020804061026
849530LV00029B/466
* 9 7 9 1 0 3 3 4 0 1 4 2 1 *